合格

する家庭が必ずやっている、

中学受験 勉強法「自走サイクル」の作り方

JN049884

吉田 努

KADOKAWA

はじめに

やるべきは、「教えること」より「意識づけ」

この本を手に取ってくださっている方は、おそらくほとんどが中学受験生の保護者、または数年後に中学を受験する予定の子どもをもつ保護者だと思います。さらに言うと、中学受験のため子どもをすでに塾に通わせている方、もしくは子どもを塾に通わせる予定の方であるはずです。以下、本題に入る前のイントロダクション、および本題のダイジェストとして、この少し長めの「はじめに」をお届けします。

この本では、**お父さん・お母さんがわが子の中学受験についてもつべき知識や心がまえ**と、**子どもに取り組ませるべき具体的な勉強法**の2点を中心にお話しします。前者の内容は「第1章」〜「第3章」で、後者の内容は「第4章」で紹介されています。なお、「第1章」〜「第3章」では保護者自身が注意すべきことを説明する一方、「第4章」では保護者がお子さんに実践させるべきことを述べていて、「第1章」〜「第3章」とはやや筆致が異なります。あらかじめご了承ください。

中学受験は「子ども」「保護者」「プロ指導者」の「三位一体」で乗り切る

とても当たり前のことではありますが、中学受験の当事者は子どもです。子ども自身ががんばって入試を乗り切らなければなりません。しかし、まだ12歳という幼い子どもに対して1人でがんばれというのはあまりにも過酷であり、現実的ではありません。そこで、周囲の大人たちによる援助が必要となります。

中学受験生を援助すべき大人は、保護者だけではありません。集団塾・個別指導塾・家庭教師などのプロ指導者が子どもに勉強を教えるという役割を担います。高校受験や大学受験ですと生徒自身がプロ指導者には頼らず独学のみで合格するケースも多々ありますが、中学入試の場合には独学で合格できる受験生はほとんどいません。ですから、ほとんどの場合、プロ指導者に頼ることとなります。

このように、中学受験は「子ども」「保護者」「プロ指導

中学受験における「三位一体」の協力体制

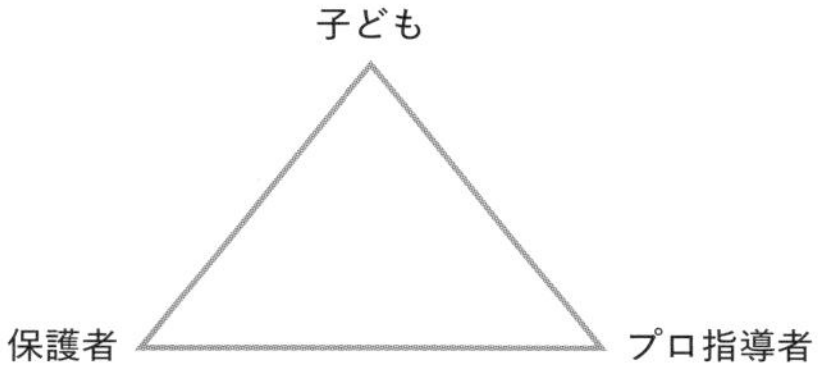

中学受験は、以上の三者がしっかり連携したうえで乗り切らなければならない。

者」による「三位一体《さんみいったい》」によって乗り切るべきであると、私は考えています。この三者が正三角形の関係を築き、それぞれの当事者が果たすべき役割をまっとうしてはじめて、志望校合格が得られるのです。

保護者が勉強を教えるのはNG

では、保護者が果たすべき役割とは何でしょうか。それは、子どもを見守ってあげること、子どもの精神面を支えてあげること、子どもが勉強に集中できるよう学習環境を整えてあげることなどです。もし、お父さんとお母さんの役割を分けるとしたら、お母さんは子どもを直接見守る立場にいることが多いので「コーチ」もしくは「マネージャー」の役割、お父さんは最終的に判断する立場にいることが多いので「監督」のような役割だとも言えそうです。

ここまでお読みになっておわかりのとおり、中学受験においては、お父さん・お母さんには、「ティーチング」、すなわち、「勉強を教える」という役割は求められません。お父さん・お母さんは「コーチング」に徹するべきなのです。

しかし、現実には、自身で子どもの勉強を見ているお父さん・お母さんがたくさんいます。その結果、多くの保護者が精魂尽き果て、「**燃え尽き症候群**」に陥っています。私は首都圏の状況も関西の状況も把握していますが、「燃え尽き症候群」はとりわけ首都圏の保護者に多いという印象を受けます。

ここではっきり申し上げておきたいことがあります。それは、**お父さん・お母さんが子どもに勉強を教えることは控えていただきたい**、ということです。

その理由は、保護者は間違った方法で勉強を教えてしまうからです。

たとえば、お父さん・お母さんとも公立中出身で中学受験を経験していない場合、算数の問題で数学の解き方を教えてしまうことがあります。具体的に言うと、中学受験算数の問題では、方程式を使った解き方は基本的にＮＧです。保護者による「我流」の教え方は、子どもの勉強の妨げとなります。

先ほど述べたとおり、中学受験の主役はあくまで子ども自身であり、保護者ではありません。お父さん・お母さんには、ご自身の人生があります。ご自身の人生をわが子の中学受験で犠牲にすることなく、それぞれの人生を楽しむことを優先すべきです。

「学校見学」は、モチベーション向上のための絶好の機会

では、お父さん・お母さんが勉強を教える代わりにやるべきことは何でしょうか。それは、「子どもによる勉強の**意識づけ**」、すなわち、子どもが勉強に向かうモチベーションを高めてあげることです。

「意識づけ」のきっかけとして最も効果的なのは、子どもを「**学校見学**」（学校見学会、学校説明会、文化祭など）に連れて行くことです。子どもが**小5になったら参加させる**とよいでしょう。

たとえば、灘中の文化祭では、文房具や手ぬぐいなど、自校のオリジナルグッズが販売されます。また、開成中では、秋の学校説明会の場で、その年に実施された入試問題の模範解答を1000円で全教科分販売します。武蔵中でも文具を販売し、売場の前にはお母さんたちが長蛇の列をつくります。いずれも安く手に入るものですから、ぜひ子どもに買い与えてあげてください。これらの学校を志望校として考えている子どもであれば、この

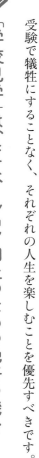

ようなグッズをもらっただけで目の色を変えて勉強し始めます。

また、「意識づけ」のための取り組みとしては、ほかに、テレビのクイズ番組を視聴させることも効果的です。たとえば、クイズ番組の『東大王』に出てくる伊沢拓司《いざわたくし》さんに憧れて東大志望となった子たちが実際にいます。

知的好奇心が目覚めれば、「自走サイクル」は勝手に回転し始める

ここまでに挙げたような身近なきっかけ1つで、子どもはいくらでも変わります。子どもの知的好奇心を目覚めさせる経験・体験を与えられるかどうか、別の言い方では子どもの勉強を「**自走サイクル**」に乗せることができるかどうかは、ひとえに保護者自身が「サポート・見守り」という役割に徹しきれるかどうかにかかっているのです。

以前、夏期講習前に偏差値が50の小6男子生徒に面談を行なったことがあります。面談時に、私はその子に対して、夏期講習期間中のうち塾がある日には1日10時間、塾がない日でも1日8時間勉強しなさい、と言いました。その子は私の助言を素直に受け入れて、猛勉強を実行してくれました。すると、秋には実際に偏差値が10も上がったのです。これ

は、私のアドバイスがその子の世界観を一変させ、一気に「自走サイクル」へ切り替えた成功例です。

「志望校選び」に関する情報は保護者主体で仕入れる

「意識づけ」がうまくいき、子どもの「自走サイクル」が回転し始めたら、中学受験に関する具体的な情報を子どもに与えていく段階に入っていきます。とりわけ、「**志望校選び**」に関する情報が重要です。たとえば、大学付属ではない6年間の中高一貫校か、10年間同じ学校で過ごすことになる大学付属校か、あるいは、男子校か女子校か共学校かなどです。

先ほど、勉強は塾に任せてほしいと言いました。一方、このような**学校情報は、塾任せにするのではなく、保護者自身が積極的に集めてほしい**のです。

もちろん、塾では学校情報をたくさん提供するとともに、出願における注意点なども詳細に説明します。しかし、お母さんが苦労して産んだわが子、お父さんがお母さんといっしょに苦労して育てたわが子の適性・性格は、塾よりもお父さん・お母さん自身がはるかによくわかっているはずです。お父さん・お母さんが助言したうえで、子ども自身に志望校を決めさせてあげてください。

また、志望校には、第1志望となる本命校以外の学校も選ばせてください。そうして親子でいったん併願パターンを組み立て、最終的には塾に相談してください。

「第1志望校合格主義」を貫こう

中学受験は、まだ幼い小学生にとってはあまりに過酷な試練です。遊びたい気持ちも、自分の好きなことをやりたい気持ちも当然あるでしょう。また、「この努力はもしかしたらむだになってしまうかもしれない」「がんばっても夢は実現しないかもしれない」という恐怖心に襲われてもいるでしょう。さらには、第1志望の本命校を受けるべきか、それとも第2志望以下の併願校を第1志望に変えるべきかにも悩んでいるでしょう。

保護者の中には、このようなつらい状況から子どもを解放したいと考え、子どもに本命校をあきらめさせようとする方が毎年必ずいます。しかし、これは絶対にダメです。

たとえわが子が本命校の受験をためらっていたとしても、**あくまで第1志望校合格にこ**

だわらせてください。中学受験は、「努力すれば、必ず報われる」「一生懸命にやれば、夢は必ずかなう」ということを、身をもって知ることができる貴重な体験だからです。

受験勉強、および志望校合格を通じて得られる**成功体験**は、子どもの自尊心を育みます。このような自尊感情をもち精神的に強くならないと、わが子はこの先の長い人生に訪れるさまざまな局面、たとえば大学受験、就職活動、結婚などを乗り切ることはできません。手を差し伸べてあげたい気持ちをぐっとこらえ、子どもの成長過程を粘り強く見守りましょう。

もし第1志望校に合格できなかったとしても、その結果はけっして失敗を意味しません。子どもは「奇跡」を起こす存在であり、本命校以外の学校に進んでもそこで「覚醒」するからです。

小学生時点での出来は関係ありません。仮に現段階では勉強があまり得意そうに見えない子ども、精神的に幼い子どもでも、中学・高校の6年間で見違えるように変わります。子どもがもつ無限の可能性に賭けてください。

塾は、志望校合格という目標・夢をいっしょに追いかけてくれる、子どもと保護者の頼もしい味方です。親の言うことは聞かない子どもでも、塾の先生が言ったことなら素直に聞きます。また、親には言えないことでも、塾の先生になら素直に打ち明けます。

ご自身の人生を楽しみ、そして、**ご自身が子どもにとってすてきな存在であり続けるために、塾をうまく活用してください**。いや、むしろ使い倒していただいてかまいません。

吉田 努

Contents

第1章
親がおさえておくべき「基礎知識」と「心がまえ」

第1節　志望校選びの考え方

第2節　塾との付き合い方

Contents

第2章

親が知っておくべき「受験勉強の原則」

第3章 親がやるべき子どもへの「声かけ」と具体的な「サポート」

第5節 子どもへの接し方・付き合い方

第6節 「自走」のために親が取り組むべきサポートとアクション

Contents

執筆協力者紹介

〈進学館√+（ルータス）講師〉

国語科

伊原　遼（いはら　りょう）

関西のアップ進学館にて、灘中を筆頭とする最難関校対策クラスの国語指導を歴任。主要4教科の豊富な指導歴、世界各地を探訪する趣味を生かした奥行きのある説明、シンプルかつ明快な解説で生徒の力を伸ばす。最も得意とするのは、灘中入試の国語指導。

中村　渉（なかむら　わたる）

神奈川県の難関中学受験塾で難関選抜特訓の全体責任者や国語責任者、教室責任者などを歴任。責任者を務めた教室からは、聖光学院中などの神奈川県最難関校だけでなく、開成中や桜蔭中といった都内男女御三家、渋谷教育学園渋谷中・渋谷教育学園幕張中の合格者も輩出。塾全体の国語教科責任者を務め、教材やカリキュラム作成も担当。

算数科

國田　和泉（くにた　いずみ）

長きにわたり関西のアップ進学館で教室責任者を歴任し、灘中などの最難関校対策で多数の合格者を輩出。「ていねいな答案作成法」と「応用しやすい解法」の指導が得意。また、「合格請負人」として、授業内での指導にとどまらず、濃密なコミュニケーションによって保護者をも巻き込みながら、生徒に第1志望校合格への一本道を歩ませる。

藤原　麻紀子（ふじわら　まきこ）

関西のアップ進学館にて、さまざまなサポートが必要なレベルの生徒から最難関校をめざす生徒まで、男女の別なくオールマイティに対応。1学年の最難関校クラス生全員を第1志望校に合格させた経験もある。「わかるように教えること」と「わかるまで教え尽くすこと」を両輪とし、鋭い洞察力で生徒の得意・不得意を見抜く、個々人に寄り添う愛情あふれる指導を実践。

理科科

小川　嘉哉（おがわ　よしや）

関西のアップ進学館にて、灘中を筆頭とする最難関校対策に携わってきた人気講師。アップ進学館全体の理科科主任を長年務め、教材作成、カリキュラム作成、後進の理科教師の指導を担当。授業のモットーは、「理科は暗記ではない。なぜ？　を考え抜くことが大切」。身の回りにある科学を切り口とし思考力を育む授業スタイル。「サイエンスラボ」では、新たな形態の中学受験指導である実験授業と教室授業の融合を追求。

＊この本は、2024年2月時点の情報にもとづいて執筆されています。

カバーイラスト　水元さきの
本文デザイン・装丁デザイン　Two Three
本文イラスト　熊アート
DTP　明昌堂
構成　山川徹・オフィスファイン
データ作成協力　テープリライト

第1章

親がおさえておくべき「基礎知識」と「心がまえ」

志望校合格のため、学年ごとに取り組むべきこと

「早期教育」よりも大切なことがある

この「第1節」では、志望校選びについて踏まえておくべき大原則について触れます。最初に取り上げるのは、それぞれの学年で保護者が子どもに取り組ませてほしいことです。ここに挙げる取り組みはすべて、合格までの道のりに直結します。「中学受験の全体像」を示しているこの項目こそが本書全体の最重要事項だと言っても過言ではありません。全体のダイジェストとしてお読みください（後述の内容と一部重複しています）。

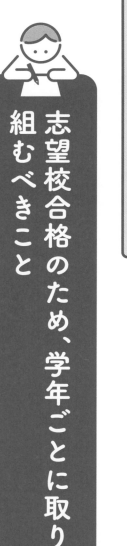

合格までの道のり

学年	時期		取り組み
小1	プレ受験勉強期		基本能力の養成 ：「はみがきよし」
小2			
小3			学習サイクルの確立 ：「読み書きそろばん」
小4	受験勉強期	受験勉強 助走期	インプットの開始 ＋理科・社会に対する興味付け
小5		受験勉強 離陸期	インプットの仕上げ ＋モチベーションの高揚
小6		受験勉強 着陸期	アウトプット ＋モチベーションの再確認

近年はよく「早期教育」の重要性がさけばれます。早期教育は、低学年のころ、すなわち小1〜小3のころからいわゆる「先取り学習」に取り組ませ、演習量を積ませ解き方を身につけさせることによって早い時期から受験勉強に入っていくのが望ましいとする考え方です。しかし、私は、この立場にはくみしません。受験勉強は小4から始めれば十分だと考えているからです。

小1〜小3までは、受験勉強以前に必要な取り組みがあります。それは、「**基本能力の養成**」と「**学習サイクルの確立**」です。「基本能力の養成」は小1・小2で、「学習サイクルの確立」は小3で行ないます。この2つを軌道に乗せ学習環境を整えてあげることのほうが、受験勉強の時期を繰り上げることよりもよほど重要なのです。

小1・小2➡基本能力の養成

小1~小3は、いわば「プレ受験勉強期」に該当する時期です。この3年間では、小4以降の受験勉強に入っていくために必要な能力・態度・姿勢を身につける必要があります。

小1・小2、および小3とでは、取り組むべきことが微妙に異なります。前述のとおり、小1・小2の2年間では「基本能力の養成」が求められます。その基本能力とは「**話す**」「**見る**」「**書く**」「**聴く**（聞く）」「**読む**」「**調べる**」の6つであり、私はこれらをまとめて「**はみがきよし**」と呼んでいます。これらについては後述します。

「はみがきよし」は学力のOS（オペレーティング・システム）に相当し、勉強の楽しさを味わうためにはどうしても欠かせない要素です。以降に習得することとなる基礎学力は、このOSが正常に作動してはじめてソフトウェアとして機能していきます。

小3➡学習サイクルの確立

小3では、小1・小2で定着した「はみがきよし」の基本能力をベースとして「学習サイクルの確立」が求められます。小3では、これから入っていく受験勉強における**「継続性」の大切さ**を子どもに浸透させていく必要があります。**学習習慣**は、この「継続性」という土台のもとに身についていくものです。

この学年では、古風な言い方ですと「読み書きそろばん」、すなわち、国語と算数の学習習慣を定着させるための演習が必要です。必要な演習は、具体的には、国語の場合には**「長文読解」**、算数の場合には**「和差《わさ》算」「消去算」**です。

「和差算」とは、大きい数と小さい数の和（足し算）と差（引き算）から大小それぞれの数を求めさせる計算です。

「消去算」とは、2つの式を足したり引いたりして2つの数を求める計算（加減法）と、1つの式をもう1つの式に当てはめて2つの数を求める計算（代入法）です。

この「和差算」と「消去算」は、中学受験で試される高度な計算力の土台となる最重要計算法です。小3では「和差算」「消去算」の定義を知っておく必要はありません。ただし、考え方はおさえておきましょう。

「読み書きそろばん」の学習サイクルを家庭だけで確立させるのはとても大変です。そこで、塾を学習のペースメーカーとして活用してください。子どもが塾での週1回の授業をまじめに受け、なおかつ授業で与えられる宿題をきちんとこなすことができていれば、お父さん・お母さんが細かく面倒を見る必要はありません。

小4➡インプットの開始＋理科・社会に対する興味付け

小4～小6では、小1～小3の「プレ受験勉強期」をへて、「受験勉強期」に突入していくこととなります。

この「受験勉強期」はさらに、小4の「受験勉強助走期」、小5の「受験勉強離陸期」、そして小6の「受験勉強着陸期」の3つに分かれます。まず、小4について触れます。

「受験勉強助走期」に該当する小4でやるべきことは2つあります。1つは「**インプットの開始**」、もう1つは「**理科・社会に対する興味付け**」です。

実際に受験するのは3年後ですが、すでにこの小4の時期から受験に必要な知識・考え方・解き方を習得し始める、すなわち、インプットし始める必要があります。このように、中学受験は、長い期間をかけて取り組むべきものです。付け焼刃は通用しません。

理科・社会は、小3から習い始めます。こう聞くと、『理科・社会に対する興味付け』は小3から行なうべきではないか」と考える方がいるかと思います。しかし、小3までに勉強への興味・関心を育てるのは不可能です。小1～小3の子どもには、自分が取り組んでいることが「勉強」であると意識することはできないからです。小4からの取り組みで十分ですし、小4からでないと無理です。理科・社会は、興味があればいくらでも伸びる教科です。反対に、興味がなければ伸びていきません。

子どもに理科・社会への興味を植えつけるために最適なアクションは、子どもを「**旅行**」に連れて行くことと、「**買い物**」に同行させることです。

理科・社会の知識は、日常的な経験・体験を通じて自然に身についていきます。鎌倉《かまくら》や京都などの観光地を訪れる、スーパーマーケットやデパートの食料品売場で野菜や果物の現物を見る、あるいは産地を確認するなど、実体験経由で理科・社会の勉強に必要な「感覚」を養わせてください。

小5➡インプットの仕上げ＋モチベーションの向上

中学受験において最もしんどいのが、「受験勉強離陸期」にあたる小5です。知識・考え方・解き方の習得、つまり**インプット**をここまでにすべて終える必要があること、学習すべき分量と塾から与えられる宿題が小4とは比べ物にならないくらい増えること、模試で志望校判定が始まり物理的・精神的負荷がきわめて高くなることがその理由です。

この厳しい時期を乗り切るためには、「**モチベーションの向上**」が不可欠です。そのための最良の手段は、子どもを志望校の「**学校見学**」（学校見学会、学校説明会、文化祭など）に連れて行くことです。開成中や灘中などで実施されている学校見学では、自校オリジナルグッズが販売されます。ぜひこれらを子どもに買い与えてあげてください。勉強のやる気が高まり、目の色を変えて勉強にのめり込んでいきます。

小6⬇アウトプット＋モチベーションの再確認

「受験勉強着陸期」にあたる小6は、小4・小5までにインプットした学習内容を、過去問対策などの実践演習を通じてひたすら**アウトプット**していく時期です。この時期には、模試の志望校判定を受け取るという精神的負荷、塾で毎日授業があり模試も頻繁に受けなければならないという肉体的負荷から、受験生の心身は疲労のピークに達します。

受験まで残り1年を切っているという状況にありますから、親子ともども、腰が据わらず、精神的に不安定になっていきます。小5までに勉強を順調に進めてきた子どもでも、集中力が途切れ、学習姿勢にムラが見え始めます。また、お父さん・お母さんも、わが子に対してついネガティブなことを言ってしまいます。

しかし、このような苦しみを味わうのは、志望校合格というゴールに近づいているからです。ここでくじけてはなりません。親子で第1志望校を決めた初心を思い出し、あらためて親子で合格をめざすのだという意志を確認してください。胸突き八丁の急坂を上りきったら、その先には第1志望校合格が待っています。

子どもへの関心をもとう

保護者によるこれらの取り組みには、「**子どもへの関心**」という大前提が必要です。

ここで、「わが子に関心をもたない親なんているの？」と疑問に思われる方がいるかもしれません。しかし、残念なことに、子どもを塾に預けただけで安心してしまい自分の趣味にかまけてしまうお父さん・お母さんがいることは紛れもない事実です。

以下、生徒のお母さんにまつわるエピソードをご紹介いたします。

高学年の生徒は、弁当持参で授業に臨みます。生徒はめいめい、保護者が腕によりをかけてつくってくれた弁当を広げ、おいしそうに食べています。

しかし、あるとき、生徒の中に毎回コンビニのおにぎり2個だけですませている男の子がいることに気づきました。ちょっと胸騒ぎがしたので、私はその子に、「お母さんは弁当をもたせてくれないの？」と尋ねてみました。すると、その子から、「お母さんが『忙しい』と言って、弁当をつくってくれない」という返事がきました。

そこでさらに、私は尋ねます。

「ゆうべは何食べた？」

「カップラーメンだけ」

「ママはいったい何に忙しいの？」

「『習い事で忙しい』って言ってた」


この返事を聞いて居ても立ってもも居られなくなった私は、その場で母親に電話し、思わず非難の言葉をぶちまけてしまいました。さらには、それでもまだ気持ちが収まらなかったため、塾に母親を呼び出し、「いますぐ私の目の前で退塾届を書いてください。こんなにがんばっているのにお母さんが見守ってくれていないなんて、お子さんがかわいそうです。栄養の偏った食事を続けたら、お子さんが健康を害しかねません。このままでは、私は責任をもってお預かりすることはできません。」と迫りました。

私のすさまじい剣幕によりわが身の至らなさにやっと気づいたのか、母親はその場で膝から崩れ落ち、こぼれる涙もぬぐわず、「これからは心を入れ替えて子どもを守ります」と私に誓ってくれました。

私によるお母さんへの「ショック療法」以後、その子は毎回お母さんがつくってくれる豪華な弁当を誇らしげにもって来て、ほかの子たちといっしょにニコニコしながら食べるようになりました。第1志望校への合格もみごとに果たし、お母さんからは、こちらが申し訳なくなるくらい、深く、何度も感謝してもらえました。我ながら、あのときお母さんにカミナリを落としてよかったと思っています。

「はじめに」では、お父さん・お母さんにご自身の人生を楽しんでほしいと言いました。しかし、ここで誤解してほしくないのは、このことはけっして、「保護者が自分の人生をエンジョイするためには、子どもに無関心であってもよい」という意味ではない、ということです。わが子の中学受験を適度な距離から見守りつつ、自身の仕事やプライベートも充実させていってください。

通常の学年とは異なる「塾学年」という分け方

中学受験の区切りは「塾学年」

ここでは、中学受験対策の開始時期について一般論をお話しさせていただきます。

塾の世界には、学校における学年とは異なる「**塾学年**」という区切りがあります。例を挙げますと、塾学年における「小３」は、学校学年における「小２・２月」から始まる学年のことを指します。なぜ塾学年という表記をあえて挙げさせていただいたのかというと、東京・神奈川という全国で最も中学受験が盛んな地域で２月に試験が行なわれる結果、その１つ下の学年が新たに受験生となるからです。塾の世界では学校における学年よりも２

か月早い2月から新学年に切り替わります。したがって、**塾の世界における中学受験のスタート時期は2月**なのです。

塾に通い始める学年には地域差がある

中学受験文化が根づいている首都圏（東京圏）・関西圏（大阪圏）・東海圏（名古屋圏）の「三大都市圏」では、激しい競争が行なわれています。

ここからは、三大都市圏における中学受験事情をお話しします。

まず、それぞれの都市圏で中学受験を実施している私立校は、関西圏に約150校、東海圏に約40校あると言われています。一方、首都圏では約300校を超えます。

次に、それぞれの都市圏で子どもがどの学年から塾に通い始めるかというお話をします。

関西圏・東海圏では、塾学年「新小3」＝学校学年「小2・2月」から通い始める子どもが約30％、塾学年「新小4」＝学校学年「小3・2月」から通い始める子どもが約50％、塾学年「新小5」＝学校学年「小4・2月」から通い始める子どもが約20％と言われてい

各地域における塾通い開始学年の割合

塾学年	学校学年	首都圏	関西圏	東海圏
新小1	—	25%	—	
新小2	小1・2月〜			
新小3	小2・2月〜	50%	30%	
新小4	小3・2月〜	25%	50%	
新小5	小4・2月〜	—	20%（うち10%が脱落）	
新小6	小5・2月〜		—	

ます。ただし、塾学年「新小5」から通い始めた子どものうち約10％は脱落します。途中から入った子は、本来なら小4・小5で終えておくべきインプットの蓄積がなく、小6から始まるアウトプットの負荷に耐えられないからです。

一方、首都圏だと、塾学年「新小3」開始までに塾に入る子どもが約25％もいます。つまり、首都圏では、関西圏・東海圏よりも数年早く塾通いを始める傾向があるのです。塾学年「新小3」＝学校学年「小2・2月」からは約50％、塾学年「新小4」＝学校学年「小3・2月」からは約25％です。塾学年「新小5」以降に入塾する子どもはごく少数です。

このように、首都圏では、じつに約25％もの子どもたちが塾学年「新小3」開始までに塾に通い始めるという実態があります。もっとも、この段階で子どもを塾に入れている目的のほとんどは塾学年「新小3」以降に必要な座席を確保することにあります。首都圏では競争が激しく、希望の塾が定員オーバーになってしまうと入れない可能性があるからです。

前述のとおり、首都圏で圧倒的に多いのは塾学年「新小3」からの塾通いであり、その割合は全体の約50%です。つまり、首都圏では**中学受験予定者の約半数は小2・2月から塾通いを始める**のです。実際のところ、「新小3」から中学受験塾への入学に興味をもち始める子どもが圧倒的に多いのです。あらゆる塾が「新小3」の募集に力を入れているのはそのためです。

以上のことからわかるように、受験勉強開始のベストタイミングは、塾学年「新小3」=学校学年「小2・2月」です。ここまでに受験勉強の前段階として必要なことを学び、のちに備えることが理想です。

受験勉強以前に必要な「はみがきよし」

塾通いを始める前に身につけてほしい6つの基本能力とは？

前項では、中学受験予定者の約半数が、塾学年「新小3」＝学校学年「小2・2月」から塾通いを開始するとお話ししました。つまり、小2までは、受験勉強を始める前の準備期間（プレ受験勉強期）なのです。

そこで、小1・小2の子どもをもつお父さん・お母さんには、以下に挙げる**6つの基本能力**を子どもにつけてあげてほしいのです。それは、「**話す**」「**見る**」「**書く**」「**聴く**［聞く］」「**読む**」「**調べる**」の「**はみがきよし**」です。

●「はみがきよし」①＝「話す」――自主性を育てる

いまの世の中で最も必要だと言われているのが「話す」能力、すなわち、人前でしっかり自分の意見を伝えられる能力です。「**プレゼン能力**」とも言います。世の中の風潮に歩調を合わせて、プレゼン能力は中学受験でも重視されるようになっており、面接を実施する学校が多いのもそのためです。

お父さん・お母さんはすでに世の中に出ていますから、人前で「話す」こと、きちんと自分の意見を伝えることがどれだけ難しいかを、身をもって実感していると思います。大人でも難しいのですから、子どもにとってはなおさらです。

ですから、お父さん・お母さんにはぜひ、まだ幼い小1・小2のうちから、**子どもが一生懸命話しているときには相づちを打ち、しっかり聴いてあげてほしい**のです。子どもに話させるという行為を大切に考えてください。

お父さん・お母さんが意識して子どもの話を聴くことに取り組まない限り、大人に言われたままのことしかやらない子ども・自主性のない子どもに育ってしまいかねません。

最近は、お父さんもお母さんも、家に帰るとスマホやタブレットをいじり出し、家族で会話する機会が減っています。しかし、家族で1つのことについてじっくり話し合うという場はとても大切です。子どもの話をよく聴き、自分の考えを話せる子どもに育つよう、ぜひ意識して取り組んでもらえたらと思います。

●「はみがきよし」②＝「見る」――実物を見る

2つ目は、「見る」です。これは「**本物を見せる**」ということです。

たとえば、「なぜ幕府《ばくふ》は鎌倉《かまくら》という土地につくられたのか」という問いに対する答えの1つに、「三方が山に囲まれていて、南は海に面している。そのため、攻められにくく、守りやすい地形だから」というものがあります。このことは、鎌倉に1度でも行けば実感できることです。

また、関西には歴史的な建造物がたくさんあります。たとえば金閣《きんかく》と銀閣《ぎんかく》。金閣には金《きん》箔《ぱく》が貼られていますが、銀閣には銀箔はありません。このようなことも、本物を見た体験があれば確実に記憶に残ります。

遠くに出かけるだけでなく、家族で野球の試合を見に行ったり、地元の遺跡や博物館を訪れたりするなど、小1・小2までに日常的に本物を見る経験をたくさんさせてあげてください。さまざまな経験を通じて、いろいろなことに興味をもってみずから学ぶ姿勢が身につき、知識が積み上げられていきます。

●「はみがきよし」③＝「書く」——書く習慣を身につける

いまの中学入試問題は、圧倒的な記述量が特徴です。記号を選んで答えさせるという選択問題が減る一方、「自分の意見を書きなさい」などの問題が増えています。

しかし、「書く」ことに対して苦手意識があり、選択問題なら正答を選べても、「文章で書きなさい」と言われると書けない子どもが多いのが現状です。

そのような子どもに対して私がおすすめしたいのは、父の日や母の日、敬老の日などに感謝の手紙を書くことです。ささいなことと思われるかもしれませんが、**感謝の気持ちを伝える手紙を書く**ことは書く楽しみを感じさせ、書く力も伸ばします。

「6つの基本能力」を身につけさせる方法

●「話す」	自主性を育てる	自分の意見を人前で伝えられる能力を養うためにも、家族で会話する場を大切に
●「見る」	実物を見る	本物を見たり触れたりする機会をもつ
●「書く」	書く習慣を身につける	相手に気持ちを伝える手紙を書くことで、書くことの楽しみを見いだし、書く能力を育む
●「聴く」	話をしっかり聴く	聴く力を伸ばすために、子どものうちから聴くことの大切さを教える
●「読む」	読書好きになる	漫画本でもゲーム攻略本でも、何でもよいので本を読む習慣をつける
●「調べる」	自分で解決する力をつける	知識や答えを教えるのではなく、どのように調べるのかを教え、自分で調べられる力をつける

●「はみがきよし」④＝「聴く」
——話をしっかり聴く

首都圏私立校の先生に「中学・高校に入って伸びる子はどういう子ですか」と尋ねると、例外なく「**人の話をしっかり聴ける子**」というお返事をいただきます。地方トップ校の先生たちにうかがったときにも同じ答えが返ってきました。

人の話をしっかり聴くには、集中する力や、言葉を理解する語彙力が必要です。また、「相手の目を見て聴く」「うなずいて聴く」など、真剣に聴く態度も大切です。

聴く力の大切さを、小さなうちからご家庭で徹底して教えてもらえたらと思います。

●「はみがきよし」⑤＝「読む」――読書好きになる

最近の子は本を読みません。保護者は活字だけの本を読んでほしいと考える傾向にありますが、私は漫画本であろうがゲーム攻略本であろうが、どんな種類のものでも子どもが欲しがる本を買い与え、それをきっかけに読書好きになってもらえたらよいと考えます。

漫画本は、たとえば『鬼滅《きめつ》の刃《やいば》』にしても『呪術廻戦《じゅじゅつかいせん》』にしても、小学校低学年向けに書かれているものはほとんどありません。しかし、子どもたちは、漫画本のセリフ中に知らない言葉が出てくると、「おそらくこういう意味だろう」と**文脈から類推して語の意味をとらえていきます**。そのような過程をへて、中学受験に必要な読解力が身についていくのです。ページ数の多い本を1つのストーリーとして最後まで追うことはとても大事です。

このように、種類によらず興味のある本を読んで読書習慣を身につけることが、中学受験においてはプラスに働くのです。

●「はみがきよし」⑥＝「調べる」——自分で解決する力をつける

最後の「し」は「調べる」です。試験を受けるのは子どもだけです。親がいっしょに受けてあげるわけにはいきません。試験本番で必要なのは、何かトラブルが起こったら、自分で解決する力です。

子どもから、「パパ、この言葉はどういう意味？」と尋ねられてもすぐに教えてはなりません。安易に答えを言うのではなく、「国語辞典で調べたら載っているよ」「ｉＰａｄを使えばわかるよ」などと、**調べ方を教えてあげてください**。子どもには、問題に直面したときに自分で解決できる力を身につけさせるよう意識してください。

中学受験に向いている子・向いていない子

中学受験は「避けて通れる受験」

三大都市圏（首都圏・関西圏・東海圏）以外の地域の子どもたちは、義務教育である小学校・中学校を公立校で過ごし、その後、公立高または私立高に進む時点で初めて受験を経験します。つまり、中学受験は「**避けて通れる受験**」なのです。

「素直さ」がない子は中学受験に不向き

公立中へ進ませずあえて受験させるという決断には、保護者の価値観や地域の状況も影響します。子どもの性格や将来の進路などをよく考慮して決意しなければなりません。

中学受験に向く子はどんな子なのかと聞かれることがあります。向き・不向きにはいろいろな要素があるものの、性格面に即して言うと、何はさておき「**素直な子**」です。性格の素直さは、中学受験に限らず、中学以降の勉強においても、または社会人になってからも大切な要素です。「人の話を素直に聴ける子」「自分の意見を素直に言える子」「知りたいという自分の気持ちに素直になり、いろいろなことを貪欲《どんよく》に吸収する子」。そういう子が受験でも成功しやすいのです。

高校受験で雪辱を果たすのはアリ？　ナシ？

中学受験で志望校に合格できず、公立中に進んだ子が高校受験でリベンジを果たすことは難しいと、私は考えます。理由は3つあります。

- **理由その❶** 入試で英語が出題されるため、勉強の負担が増える
- **理由その❷** 得点として加味される内申点が、学力とは別の要因（担任からの印象など）で決まってしまう

・理由その❸　中学受験の失敗により燃え尽きてしまい、勉強に身が入らない

以上のような理由から、高校受験での捲土重来《けんどちょうらい》を期して公立中に進むことはおすすめしません。仮に第1志望校・第2志望校が不合格となり、第3志望校にしか合格できなかったとしても、その第3志望校に進学し、大学受験でリベンジを果たすべきだというのが私の持論です。

中学受験可否の基準は、学校のテスト80点以上

学力基準での判断の目安をどのように考えたらよいか、心配される親御さんもいます。

小学校で行なわれるテストは教科書内容の定着度を測る試験ですから、中学入試にはそのままあてはまりませんが、だいたい**8〜9割とれる**子であれば、中学受験塾の勉強についていけると思います。

子どもに合う志望校の選び方

志望校は、子どもの性格や保護者の価値観を踏まえて選ぶ

高学年になってくると、子ども自身の意思も表れてきて現実的な志望校が決まっていきますが、中学受験スタート時の段階では、子どもにはまだ「どの学校に行きたい」という意識は芽生えていません。はじめは、「この学校の生徒たちのような子に育ってほしい」「教育方針に共感できる」など、志望校選びには保護者の意向が強くかかわります。

志望校選びで最重要なのは、**男女別学**か、**男女共学**かという観点でしょう。たとえば女子の場合、保護者は、「女の子だけの学校がよいのではないか」「うちの子には、男の子もいる環境のほうが望ましい」など、子どもの性格を考慮したうえで志望校を検討しています。

また、6年制の**中高一貫進学校**に行き大学受験込みで進学するのか、もしくは大学受験なしでエスカレーター式に進める10年制の**大学付属校**をめざすのかも、保護者が悩むポイントです。将来、医学部を含めた国公立大に進ませたい場合には、子どもに中高一貫進学校をすすめる傾向があります。一方、人脈づくりを優先してほしいと考える場合には、多くの親御さんが早稲田大や慶應義塾大などの大学付属校を希望します。

何を優先して選ぶかは、家庭の教育方針や価値観によって異なります。家庭内で相談のうえ決めてくださってかまいません。

学校案内や学校のホームページなどの情報も大切ですが、後述するように「**学校見学**」に行き、生徒たちの様子や学校の周辺環境などを実際に確認したうえで、親も子も納得して決めていきましょう。

志望校の絞り込み方

男女別学／男女共学	男子校・女子校・共学校
中高一貫進学校（6年制）	大学受験ありで、医学部を含む国公立大に進ませたい場合など
大学付属校（10年制）	早慶・GMARCH・関関同立などに大学受験なしでエスカレーター式に進学させたい場合など

＊そのほかにも、国立校／私立校か、家からの通学距離、学校の周辺環境などの要素も考慮する必要あり。

「学校見学」には、小4の夏以降に行く！

第1志望校の「学校見学」に連れて行こう

中学受験では、志望校に対する**モチベーション**が勉強の原動力となります。子どもの意欲を高めるために、ぜひ「**学校見学**」（学校見学会、学校説明会、文化祭など）に連れて行ってあげてください。

前項では、低学年のうちは親御さんの希望が志望校選びに反映されるとお話ししました。

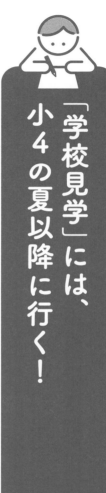

一方、高学年では、子どもの意思を尊重することが重要です。

「どうしてもこの学校に行きたい。だから、勉強をがんばる」という意欲を引き出すためにも、子どもが高学年になった段階で、「親として行かせたい学校」「子どもが興味をもちそうな学校」「ここなら通わせてもよいと思える学校」、すなわち**第1志望校**を実際に見せてあげましょう。

「学校見学」参加に最適なのは小4

「学校見学」に最適な時期は、小4です。小4は、中学受験に特化した勉強が徐々に始まっていく学年であり、塾が志望校に対する意識を子どもに向けさせ始める時期だからです。

小4の夏休みから**塾学年の小4が終わる1月まで**に行くのが理想です。夏期講習が始まるぐらいから徐々に「学校見学」に連れていきましょう。

小5の6・7月に参加するのはモチベーション維持のため

志望校の見学には、小5でもう1度行ってください。ベストタイミングは、**小5の、夏休みに入る前の6・7月**です。夏休み以降は、塾での勉強がとてもつらくなるからです。

塾学年における小5が始まる小4・2月からは、勉強量が6〜7割増えます。弁当をもってきて、夕飯も塾で食べ、遅くまで授業を受けることとなります。

勉強量・宿題量が一気に増えるので、この生活に慣れるまでの3〜4か月間は、勉強で体も心もしんどくなる子が増えます。この時期に学校見学に行こうと言っても、子どもたちがいやがります。

もっとも、子どもには適応力があるので、数か月もしたらその生活に慣れてきます。ゴールデンウィーク明けからは落ち着いてくるので、この期間にもう1度学校を見に行くのです。

中学受験の勝負期は小5だと言われています。中学受験では、小5がインプット最終学年で、小6は覚えたことを入試に使えるようにするアウトプットの学年です。その前までに、どれだけインプットできるかが勝負どころです。重要な小5を乗り切るための一助として、学校見学という場を活用しましょう。

模試の志望校判定が始まったら、志望校選びは現実路線で

小5のこの時期までには、「親として行かせたい学校」「子どもが興味をもちそうな学校」などの第1志望校だけでなく、複数の**併願校**まで本人に見せておきましょう。

大手塾のほとんどで**小5の9月**から**志望校判定**が始まります。判定は、A判定（合格可能性80％）からE判定（合格可能性20％）まであります。

この時期までに本人に合った具体的な志望校が決まっていない場合には、判定対象となる学校名欄には理想の学校＝非現実的な志望校が並びがちです。とくに男子は、開成、麻布、武蔵、駒場東邦、海城など、レベルが高くて名前を聞いたことのある有名校ばかり書きます。これでは高い合格判定は出ません。4つも5つも書いた志望校がすべてE判定ということもありえます。これでは、受験戦略は立てられません。学校見学は、**地に足のついた現実的な志望校を見きわめる**機会でもあるのです。

「学校見学」参加のチェックポイント

	時期	理由・目的など
1回目	小4の7月〜1月	●見学に最適の時期 ●中学が実際にどのような場であるかがわかる ●受験へのモチベーションが上がる ●自分の将来像を想像する機会となる
2回目	小5の6・7月	●受験勉強がつらくなる前に学習意欲の向上が図れる ●より具体的な受験を見据え、併願校も見学する ●模試の志望校判定のために、現実的な志望校を決定する ●受験戦略を立てる

「学校見学」にはたくさんのメリットがある

在校生との触れ合いが志望理由に結びつく

学校見学会、学校説明会、文化祭などの「**学校見学**」には、学校の雰囲気を肌で感じ取れるというメリットだけでなく、**在校生と交流できる**というメリットもあります。たとえばテニス部やサッカー部など、運動部では実際に部活動を体験できる場合があります。

受験生にとって先輩にあたる在校生との触れ合いは、たとえば「この学校のお姉さんがやさしかったから、志望したい」「部活動に入って、あのお兄さんたちといっしょに活動したい」など、**志望理由**につながる貴重な体験となり、強い動機を形成します。

グッズ購入で学習意欲に火をつける

学校見学会・学校説明会や文化祭では、その学校のロゴが入ったグッズなどを売っている場合があります。そのような**学校オリジナルグッズ**を買ってあげると、子どもの気持ちはさらに盛り上がっていきます。

憧れの中学校のグッズでモチベーションアップ

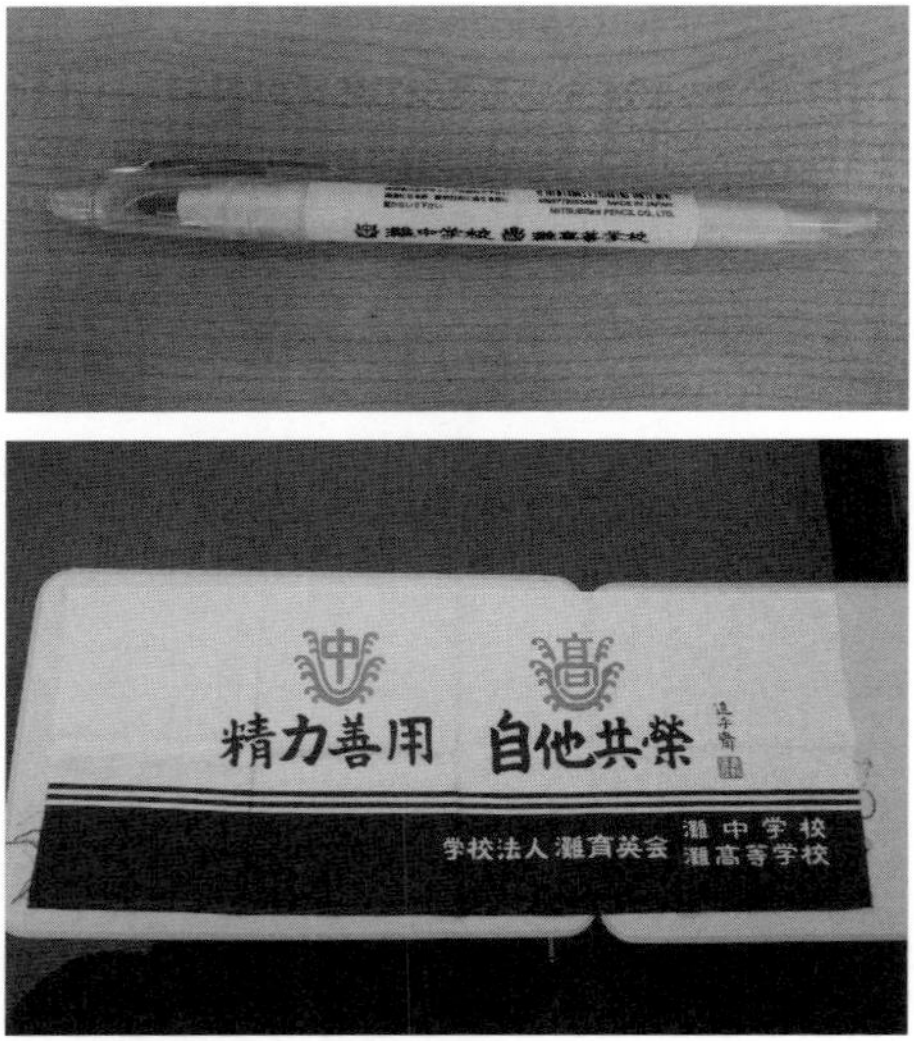

全国最難関校の1つである灘中の文化祭で販売される、校名入りの蛍光ペンと手ぬぐい。

蛍光ペンやボールペンならば、1本たったの100円です。志望校のロゴ入りグッズが筆箱に入っていれば、それを使って勉強したいという気持ちがおおいに高まります。

過去問のレプリカを入手する

「学校見学」では、その学校の過去の入試問題・模範解答・解答解説などのレプリカが購入できます。前年度の過去問を無償で配付している学校も多いようです。市販されている過去問集と違い、それらでは、**実際の試験問題の行間・文字の大きさ・フォントなどが忠実に再現**されています。これらは、学校見学でのみ入手できる貴重な情報です。

解答用紙について

過去問演習時には、実際の入試と同一仕様の問題と解答用紙を使ってください。

市販の過去問集は、親御さんが問題の傾向や難易度を確認したり、問題との相性を子どもといっしょに見たりして受験戦略を立てることには役立ちます。

しかし、現物はB4の4枚あるいは5枚のバラなのに、市販の過去問集では、製本の都合上、見開きの仕様に変更されてしまいます。また、本ごとに、文字の行間や書体なども異なります。

せまい行間にびっしり書かれている問題を見ただけでやる気をなくす受験生はたくさんいます。本物の試験の多くは、ある程度見た目に余裕のあるレイアウトに整っている場合が多く、文字サイズが大きめで、紙面がゆったりしています。

小学生の子どもにとっては、テストの見た目はとても重要です。本物の過去問ならば、どんな手触りの紙質の用紙なのか、余白はどれくらいあるのかなどが確認できます。よく見慣れた仕様で演習していれば、本番でも不必要に焦ることなく解けるはずです。

志望校突破は戦略次第！

受験戦略を立てて入試本番に臨もう

一般的に、受験校は1校とは限りません。受験校は、❶どうしても行きたい**本命校**（第1志望校）、❷日程的に受験可能な**併願校**、❸**安全校**（滑り止め校）の3段階に分けましょう。また、受験戦略立案では、受験校の難易度に加え、試験日程・合格発表日・出願締切日なども考慮しましょう。

東京では、本命校となるような難関校・上位校の試験日程は2月1日午前に集中しています。この本命校の試験日程を中心に受験スケジュールを組み立てます。埼玉や千葉では

1月から入試が始まるので、東京にある本命校受験前の「腕試し」として利用される場合があります。

本命校の合否が判明する前の2月2日の入試は、事前に出願せざるをえません。本命校の出来不出来によっては、併願校・安全校の受験を調整する必要が生じます。合格・不合格の場合に分けて事前に決めましょう。

戦略的な併願パターンは、子どもが自分の希望に近い中学に進むために組まれるものです。どのような状況にも対応できるよう、受験可能な学校をリサーチしておきましょう。

具体的な志望校は、**小6の秋以降、塾の先生とじっくり相談して決めてください**。塾は中学受験事情に精通しています。どんな場合でも最善の結果が得られる戦略的受験パターンを提案してくれるはずです。

均等配点型か傾斜配点型かで有利にも不利にもなる

受験校選びでは、入試問題と子どもとの相性も考慮する必要があります。その1つが、**教科ごとの配点の違い**です。配点方式は、「傾斜配点型」と「均等配点型」に大別されます。

「**傾斜配点型**」とは、4教科（国語・算数・理科・社会）のうち、国語・算数の配点を高く、理科・社会の配点を低く設定する方式です。

「**均等配点型**」とは、4教科の配点を一律に設定する方式です。たとえば、首都圏のトップ校であれば、筑波大学附属駒場中や慶應義塾普通部などは均等配点型です。中学受験は大学入試とは異なり特定の教科が一定の得点に達しない場合に不合格となるしくみはないので、たとえば算数の得点が低いために落ちる、ということはありません。均等配点型であれば、算数で足りない分は**ほかの教科で挽回すれば合格することが可能**となるのです。

子どもの強みを生かせるかどうかは入試の配点次第

私が指導した男子生徒の例を紹介しましょう。

愛知県には、東海中・高という、国公立大医学部医学科合格者数全国一の学校があります。卒業生には、有名予備校講師の林修《はやしおさむ》氏や、元総理大臣の海部俊樹《かいふとしき》氏などがいます。愛知県に生まれた男子で、中学受験に関心のある子ならだれもが憧れる学校です。

東海中は、国語・算数・理科・社会の配点がそれぞれ100点満点の4教科均等配点です。400点満点中、240点をとれば合格します。1科目60点をとれば受かると考えるのがふつうでしょう。ところが、「受験は戦略だ」と主張する意図は、まさにここにあります。**240点をとるための内訳はどうでもよい**のです。「中学受験＝算数」というイメージが強いのですが、その生徒は他教科に比べて国語ができる子でした。

その子は、いままで通っていたいろいろな塾で「算数ができないから東海中は無理だ。志望校を変えなさい」と指導を受けたとのことで、小6のときに私の塾に転塾してきました。

お母さんと面談している最中、その子はカバンからおもむろに池井戸潤《いけいどじゅん》や東野圭吾《ひがしのけいご》のような大人が読む小説本を取り出しました。その様子から「この子には国語で点数を稼がせよう」と決意しました。

国語ができる子なら、社会の難しい言葉も理解できます。その子も、公民の「違憲立法審査権《いけんりっぽうしんさけん》」「弾劾裁判所《だんがいさいばんしょ》」「三審制《さんしんせい》」などの用語は、漢字から類推して意味を理解しました。塾に入ってからは公民の授業でいきなり頭角を現し、社会が得意になっていきました。

このタイプの子は、暗記もすこぶる得意です。理科の中で物理・化学は理解要素が強いのですが、生物・地学なら暗記要素を強化すれば勝てるだろうと判断しました。

その結果、この子の国語と社会の得点力を生かす戦略に決まりました。それは、理科は生物・地学で得点を稼ぎ、算数では最低限の点数ですませるというプランでした。

この子は、国語なら過去問でも模試でも8割とれました。社会も、地理・歴史・公民で8割の正答率。幸いにも、東海中の理科は物理・化学・生物・地学が4分の1ずつ出題されることが多いため、生物・地学で満点をめざし、物理・化学を捨てさせたとしても5割はとれるはず。合格ラインの240点のうち210点分を確保できるので、算数で30点とれば合格できる、という計算です。

東海中の算数入試問題は、大問1〜3の最初の小問までで36点分あります。そこで、小問だけを20年分解かせるという戦略をとりました。「大問1〜3の最初の小問を何度も繰り返して完璧にしよう。そこからあとは捨てよう。そうすれば36点はとれる」と。その結果、この子は、みごと合格しました。自己採点では、算数3割・国語8割・理科5割・社会8割の、計240点でした。

実際、この子は理系には適性がなかったのかというと、そうではありません。算数と数学は似て非なるもので、中学入学後、x・yのような代数を習ったら数学ができるようになりました。現在は、医師になるため医学部合格をめざしているそうです。

あれだけ算数が苦手だった子が、数学を習ったら一気に開眼したのです。このように、算数が苦手だから落ちると言われていた子でも、**戦略次第で合格できる**のです。もしあきらめていたら、まったく別の人生を歩んでいたことでしょう。

国語・算数のウェイトが高い傾斜配点型の学校は多いのですが、均等配点型の学校もあり、算数1教科入試を実施する学校も存在します。国語・算数が得意な子たちは国語・算数の配点が高い中学、算数が苦手であれば均等配点型で勝負できる中学など、子どもの学力状況に応じて志望校を選びましょう。

男の子は、「塾あり」のサイクルに乗せて走らせる

女子と男子では勉強スタイルが異なる

多くの子どもたちを教えてきた経験上、女子と男子では勉強への取り組み方に違いがあると感じます。小学生の間、男子は女子より精神年齢が2歳くらい幼いという印象です。

女子は比較的、「自分の受験」だと心得てコツコツ取り組みますが、男子には「進んで勉強しない」「自発的に取り組まない」という傾向が強く見られます。

一般的に、女子の勉強スタイルは「**先行逃げ切り型**」です。早いうちから熱心に取り組み、試験当日まで計画的に勉強します。

一方、男子の勉強スタイルは「**追い込み型**」です。その代わり、「どうしてもこの学校に行きたい」という気持ちが高まった途端に、すさまじい勢いで勉強し始めます。

塾の先生とタッグを組み、「自走」をうながす

男子は、とても欲しいものがあると何とかして手に入れようと考えます。行きたい学校が見つかったときには、睡眠時間を削って勉強する子もいます。もちろん、女子にも同様の性格の子はいますが、一般論としては男子にはその傾向が強く見られます。

男子の場合に肝心なのは、大人たちがどうやってやる気にさせるかという点です。すなわち、単に「勉強したい」ではなく、「何が何でもその中学校に合格したい！　だから勉強するしかない」という気持ちにもっていくことです。

子どもにみずから努力させるには、お父さん・お母さん、そして塾の先生がタッグを組んで子どもをサポートする「**三《さん》位《み》一《いっ》体《たい》**」の協力体制が欠かせません。子どもを頂点として、保護者と塾側が「**自走**」にもち込むやり方がよいと思います。塾を勉強のペースメーカーとしてうまく利用してください。

「やる気」を親が与えるのは無理だと割り切る

親御さんが子どもに話す温度感と、プロの第三者が話す温度感はまったく違います。あくまでたとえ話ですが、追い込みの時期に入ったに子どもたちに「火の中に飛び込みなさい」「水の中にダイブしなさい」と塾の先生が言ったら、きっとやろうとします。それはなぜか。塾の先生が「やれ」と言うのは「志望校の合格のため」だと知っているからです。行きたい学校のためなら、たとえ火の中水の中なのです。

お父さん・お母さんはどうしても肉親としての感情から話してしまいます。一方、塾の先生は客観的に伝えることにたけています。だから、子どもは素直に聞いてくれるのです。

受験勉強へのモチベーションを上げることは基本的には、塾の先生や家庭教師の先生、個別指導の先生など第三者の役割だと理解し、**親御さんは子どもを支える立場に徹する**のがよいと思います。

中学受験塾はどのように選ぶ？

いろいろな入塾説明会に足を運ぶ

前節では、志望校選びについてお話ししました。では、志望校合格に向けていちばん大事なポイントは何かと言うと、やはり、よい塾・よい指導者に出会えるかどうかです。

私は、保護者の方から「塾はどう選べばよいでしょうか」という相談を受けるときはいつも、「**入塾説明会**に行ってください」と答えます。入塾説明会に行って、その塾が大切なわが子を預けるに値するかどうか、親御さんがまず見きわめなければならないのです。

「大手だから」「有名だから」「実績があるから」という理由だけで選ぶのは悪手です。塾側から理念を聞いて賛同できるのか否かをご自身で判断してください。そのうえで、国語や算数の体験授業をきっちり受けさせてくれ、子ども自身も行きたいと思える塾を選びましょう。

塾選びのポイントは「声かけ」と「質問受け」

入塾説明会の際に必ず聞いてほしいことが2つあります。

1つ目は、塾から子どもへの「**声かけ**」がどのように行なわれるかです。とくに、引っ込み思案な子どもなどの場合、塾側から適切にコミュニケーションをとらないと、勉強に支障が出かねません。

親御さんから「うちの子は自分からなかなか話しかけられない。どのように声をかけてもらえるか」と聞いてほしいのです。そのとき、「わかりました、声をかけますよ」と言われたら、その塾は、本当に行き届いた指導を実施してくれるのかと疑ってください。入塾説明会の場では、子どもと定期的な面談を組む、定例のクラス会があるなど、声かけのしくみが塾として整っているかどうかを確認する必要があります。

2つ目は、子どもからの「**質問受け**」がどのようなシステムになっているかです。塾の中には、1問聞いたらほかに質問があっても最後列に並び直して、順番が来るまで待たなくてはならないようなところがあります。このように、2時間かけて2問しか質問ができないという塾も現実にたくさん存在するのです。

子どもにとっていちばんのストレスは、「わからない」が積み重なることです。疑問が解消されないストレスは、学習意欲を失わせます。これでは子どもが「自走」することは不可能です。

わからないことは即座に解決することがきわめて重要です。この「質問受け」が塾としてどのように体系化されているのかを確認することがもう1つのポイントなのです。

安易な転塾はNG

以上のことを確認し、「この塾は本気で面倒を見てくれそうだ。子どもも行きたがっている」と確信できたら、その塾に決めましょう。そして、**いったん「ここだ」と決めたら、安易に変えない・「浮気」しない**ことが大事です。塾を転々とする子どもは伸びません。塾が変わると、先生が変わり、教材が変わり、カリキュラムが変わり、友達が変わります。環境になじむことに労力を奪われ、勉強が進みません。

これらを踏まえ、慎重に塾を選んでください。

集団塾？　それとも、個別指導塾？

集団塾のメリット

中学受験の塾には、大きく分けて**集団塾**と**個別指導塾**があります。集団塾か個別指導塾かで迷う親御さんもいるかもしれませんので、それぞれの特徴や向き・不向きなどについて話します。

●集団塾では授業がパッケージ化されている

まず、集団塾の授業の組み方についてざっと話します。

集団塾では、基本的に週の授業回数が決まっています。たとえば、小3までは国語・算数の授業があり、1コマあたり何分・週何回と決まっています。小4からは理科・社会の授業が加わりますが、試験の配点は国語・算数が高いので、理科・社会の倍の時間数をかけます。たとえば、国語・算数はそれぞれ週2コマに対して、理科・社会はそれぞれ週1コマの組み方が主流だと思います。

このように、集団塾ではパッケージとして授業が組まれています。**教科単位で授業を選ぶことは、原則としてできません。**

●集団塾は情報をたくさんもち、カリキュラムも充実

集団塾は、学校情報や入試情報など、受験に必要な情報をたくさんもっています。また、学校とのコネクションもあり、情報の質という面においてもすぐれています。とにかく**情報を入手したいという場合には集団塾**をおすすめします。

また、生徒がたくさん集まり生徒どうしで切磋琢磨できる点も、集団塾のメリットです。とくに、負けん気の強い子どもの場合には、よきライバルがいることで大きく伸びていく可能性があります。

さらに言うと、多くの集団塾は、**受験に特化した体系的なカリキュラム**を整備していま

す。「自走」が苦手な子どもでも、カリキュラムにのっとれば合格に必要な学力が身につきます。

個別指導塾のメリット

個別指導塾のメリットは、何といっても**1対1でていねいに見てくれる**点にあります。

集団授業塾では、国語・算数・理科・社会の授業をセットで受けることになります。一方、個別指導塾では**受講教科を選べる**ので、苦手教科の克服に向いていると言えます。

たとえば、算数という教科には、どこか1箇所でもつまずいてしまうとそこから先の内容の習得が難しくなるという性質があります。理解したつもりでも土台がしっかりしていないと、そのうち崩れてしまうのです。

「わからないところをうやむやにせず、しっかり理解してから次のステップに進みたい」「苦手教科の足元をしっかり固めたい」とお考えの家庭には個別指導塾が向いていると思います。

集団と個別の併用もあり

いまの主流は、**集団塾と個別指導塾を併用する**スタイル、つまり、集団塾に通いながら弱い教科を個別指導塾で補強するという受講方式です。個別指導塾の代わりに家庭教師をつける場合もあります。ただ、この組み方では、当然、費用がかさみます。家計と相談しつつ判断されるとよいと思います。

また、集団塾と個別指導のハイブリッド塾もあります。そのような選択肢もあるので、柔軟に検討してください。

塾の宿題と学校行事とのバランス

宿題の出し方は、塾によって2通り

授業を受けるだけで成績が伸びる子はほとんどいません。出された宿題を解きアウトプットしてはじめて学んだ内容が定着します。どんな塾でも必ず宿題を出しますが、出し方は塾によって異なります。

十把《じっぱ》一絡《ひとから》げで宿題を出すタイプの塾があります。「きょうはこれだけ授業した。だから、この宿題をやってこい」などと言うだけで、子どもの個別事情は考慮しません。このような塾には要注意です。

一方、**生徒一人ひとりの状況に合わせてくれる**タイプの塾もあります。

小学校にはさまざまな学校行事があります。文化祭など、みなで協力して1つのことを成就させる機会では、小学生はたとえ習い事を犠牲にしてでもそのような行事に打ち込もうとします。ちゃんと取り組まないと、いじめの対象になったり仲間はずれにされたりしかねないという理由もあります。

宿題に優先順位をつけてもらう

生徒一人ひとりに寄り添ってくれる塾の中には、学校行事で忙しいときには融通をきかせてくれるところがあります。「いまは文化祭の準備で忙しいだろうから、宿題は最低限これだけはやっておいて。その代わり、落ち着いたら全部やってね」といったように、**宿題に優先順位をつけてくれる**のです。親御さんから学校行事の予定表をあらかじめ渡しておくと、塾との連携がスムーズに図れます。逆に、そのようなオーダーメイドを拒む塾には、さっさと見切りをつけてしまうのがよいと思います。中学受験は、子どもを頂点とし、保護者とプロ指導者が「**三位一体**《さんみいったい》」となって取り組むものです。この協力体制を組んでもらえるかどうかを、判断のよりどころにすべきだと思います。

「復習型」の塾を選ぼう

小学生には復習重視の勉強法が合っている

塾には、「**予習型**」の塾と「**復習型**」の塾があります。近年は、タブレット端末などを用いて事前に自宅学習をし、授業では演習や議論を行なうという**反転授業**のスタイルが注目されています。しかし、これから中学受験の準備に入る段階にある小学生の子どもに「予習してきなさい」と言っても無理です。授業の予習を前提とする勉強法は、小学生には向きません。やはり、小学生の勉強の基本は「**復習**」です。まず授業で習い、家で復習して知識や解き方を定着させていく。そのようなやり方でよいと思います。

復習の方法

よく保護者から「復習はどのタイミングで行なえばよいのでしょうか」という質問を受けます。それに対して、私は、「習ってから1日後・1週間後・2か月後」だと答えています。

「1日後」は、授業の翌日です。

「1週間後」は、復習テストのような小規模なテストが実施される時期です。

「2か月後」は、公開模試やクラス分けテストのような大規模なテストが実施される時期です。

子どもは復習がきらいで、先に先に進もうとします。しかし、習ったことを復習で定着させない限り実力は身につきません。その点をうまくフォローしてあげてください。

テストでは「見直し」が大切

前項では「宿題」の話をしました。授業で習ったことをアウトプットさせ定着させるために宿題が出されます。さらに、定着度を高めるために塾では復習テストが行なわれます。同様に、公開模試やクラス分けテストでも、テストを受けたら、自分が解いた問題を必ず「**見直し**」てください。やりっ放し・解きっ放しは絶対にダメです。

テストの問題を上から順に解いていって、最後まで終わったら答案用紙を裏返して寝てしまう。伸びない子どもによくあるパターンです。こういう子は、正解できる力があるのに点数がとれず伸び悩みます。

問題をいきなり解き始めるのは悪手

ここからは、受験のテクニックについて少しお話しします。

テストの答案用紙を受け取ってまずやるのは、名前をていねいに書くことです。お父さん・お母さんにつけてもらった名前をていねいに書いて、心を落ち着けることから始めます。

次に、いきなり問題を解き始めるのではなく、最初から最後まで問題にサーッと目を通します。「このテストはどんなことを自分に問うているだろうか」という視点で**全体を俯《ふ》瞰《かん》し**、**戦略を立てる**のです。

意地の悪い学校などは、大問の1題目から極端に難しい問題を出してきて受験生の出鼻をくじこうとします。逆に、最初は簡単な問題を出して、徐々に難しい問題を出してくるところもあります。

戦略を立てずに解いていくと、難しい問題に時間をとられ、残りの問題に手がつかなくなる可能性があります。最初に全体を見渡し、「はじめに難しい問題がきているから後回しにしよう」「この問題は歯が立たないから捨てて、ほかを完璧にしよう」などのように、**解く順番と解く問題を決める**のです。

また、解き終わったらもう一度見直し、読み違いがないか、誤字脱字がないか、漢字を書き間違えていないか、計算ミスをしていないかなど、自分が手をつけた問題をきちんと点検してください。

「お直し」は、塾による指導の常識

テストの結果、40点分間違えたら、その40点の問題をやり直しましょう。後日でもかまわないので必ず解き直し、どこでどう間違えたのかを洗い出すことが大事です。

中学受験の世界では「**お直しをする**」と言います。塾によってはテストの「**直しノート**」をつくらせるところもあります。小テストなどでの見直しを徹底していくと入試本番でもできるようになります。このように、見直し・解き直しを反復し習慣化していく勉強法には、ほとんどの塾が対応しています。入塾説明会のときに確認するとよいでしょう。

「転塾」の考え方とタイミング

「転塾」を考えるタイミング1回目（小4・1月）

授業を受け、宿題でアウトプットできたかを確認する。小テストで定着したかをさらに確認し、間違えた問題を見直す。塾ではこうして子どもの学力向上を図ります。しかし、それでもなかなか結果がついてこない子どもや「自走」しない子どもがいるのは事実です。すでにお話ししましたが、1度塾に通わせ始めたら最後まで続けることが基本です。ただ、塾選びを間違うこともあります。絶対に塾を変えてはならないと言うつもりはありません。

そこで、ここでは「転塾」を検討するタイミングについてお話しします。

1回目のタイミングは、小4の1月です。塾では2月から新学年が始まりますので、**新5年になる直前**に検討するのです。

小5に上がると勉強量が6〜7割増え、塾で勉強する時間が長くなります。塾に弁当を持ち込むなど晩ご飯を塾で食べてから帰宅するという生活スタイルにより、勉強も夜型に変わります。

小5から受験勉強がいよいよ本格化してきますので、その前のタイミングで転塾の可否を再考するのがよいと思います。そもそも中学受験をするのかしないのか、塾が合っているのか合っていないのか、志望校合格までの道筋ができているのかできていないのかなどを精査しましょう。

このタイミングが、転塾の1回目のチャンスです。

「転塾」を考えるタイミング2回目（小5夏期講習終了時）

2回目のタイミングは、小5の夏期講習が終わったころです。

小5生の場合、初めの2〜4月ではまだ新しい環境になじめず勉強のサイクルがうまく回らないことが多いのですが、3か月もすると慣れてきます。

そうして、**中学受験の天王山である小5の夏休み**を迎えます。

マスコミをはじめ世間一般では中学受験の天王山は小6の夏だと言われますが、実際には違います。小5の夏休みにおける勉強量こそが最大の勝負の分かれ目なのです。

小5の夏期講習は、これを乗り越えることができれば合格できるというくらい重要なイベントです。逆に、**うまくいかなかった場合には、そのタイミングで転塾を決める**のがよいと思います。

夏期講習を乗り切れたか失敗したかどうかで転塾の可否を判断しましょう。

他塾の「志望校別特訓」を利用する

小6のゴールデンウィーク明け、あるいは、夏休み明けから、塾によっては「**志望校別特訓**」が始まります。これは、読んで字のごとく「志望校に特化した特訓」であり、各塾がそれまでに培ってきた指導経験やノウハウを生かし、志望校合格に向けた最短コースを提示するイベントです。

この機会はぜひ使うべきです。いま通っている塾に志望校別コースがない場合には、**在**

「転塾」の分岐点

1回目	小4・1月	勉強量が格段に増える新小5開始直前のタイミング
2回目	小5・夏期講習（中学受験の天王山）後	夏休みの勉強量・夏期講習の結果などを受けたタイミング

籍している塾をホームグラウンドとして確保したうえで、他塾の志望校別特訓を受講しましょう。それでまったく問題ありません。むしろ積極的に活用してください。

保護者が志望校別対策を講じるのは非現実的

志望校別の具体的な対策は塾に任せましょう。

家庭でできることにはおのずと限界があります。お父さん・お母さんは、志望校に対する子どものモチベーションを維持する、または上げることに専念するのがよいと思います。

塾はその道のプロですから、その点は塾を信頼して任せ、親御さんは子どもを精神的に支える側に回るのが賢明です。塾との付き合い方としても適切と言えるでしょう。

第2章

親が知って
おくべき
「受験勉強の原則」

勉強のNGって何？

本を買い与えても低学年の子どもは読まない

「第３節」冒頭の本項では、低学年の子どもが陥りやすい「勉強のＮＧ」についてお話しします。

塾通いしていない小１・小２の子どもには、買ってきた本や参考書を「読みなさい」と言って渡しても読みません。たとえ手に取ったとしても、せいぜいながめる程度です。

一方、たとえ家庭で読書する習慣がない子でも、塾に来れば熱心に本を読み始めます。

読書好きの子が塾にいると、その子に感化されて自分も読みたくなるからです。

このように、塾通いが始まるまでは、子どもに**無理やり読書させる必要はありません**。

ノートをていねいに書きすぎる子どもは伸びない

先生の板書をていねいにノートに書き写す子がいます。また、字を1画1画ていねいに書くだけでなく、赤・青・緑などの色ペンを使ってカラフルにまとめる子もいます。

はた目にはよく勉強しているように見えるかもしれませんが、じつは**写すこと自体を目的化して勉強したつもりになり、学んだ内容が頭に入っていない**場合が多いのです。写すことに時間がかかり、勉強の進みも遅くなります。子どもがていねいにノートをつくりすぎていると感じたら要注意です。

答え合わせするだけでは身につかない

ほとんどの塾では、小3までの家庭に対して、宿題の丸つけをお父さん・お母さんにお願いします。しかし、保護者は忙しく、現実的には子どもが自分で丸つけします。すると、自分で解かず答えを丸写しする、答え合わせだけするなどという事態が多発します。

前節でも話したように、間違った箇所を「**解き直す**」ことが大切です。1回目の出来は気にしなくてもかまいません。ただし、2回目の解き直しでも間違えた場合には塾の先生に質問させるようにしましょう。

「何度も書いて覚える」は意味がない

漢字の勉強で何度も書いて覚えようとする子がいます。たとえば、「親」という漢字は画数が多いので、低学年の子には難しく感じられます。そこで、「100回書いたら覚えられるかな」と考え、漢字の「へん」と「つくり」を無視し、「立・木・見、立・木・見、……」と、**何回も機械的に書いてしまう**のです。

たしかに、中にはこのような強引な方法で覚えてしまう子どももいます。しかし、意味を考えずにただ何度書いたとしても、ふつうは身につきません。

そこで、『親』という字は『木』の上に『立』って『見』るから『親』だよ」と説明すると、低学年の子どもはびっくりします。そうして漢字の意味を理解し、「親」という漢字を完璧に覚えます。漢字の学習に限らず、勉強ではこのように**理解して覚える**ことが大切です。単なる「作業」は無意味です。

何事も「継続」が物を言う

まとめてではなく、分割して毎日少しずつ勉強する

塾ではよく「計算テキストの7回分、次の授業までやってきなさい」と言います。低学年の子どもたちは塾以外にほかの習い事がありますので、この宿題を1週間のうちのどのタイミングでやるのか考えます。水曜日に塾があるとすれば、月曜日にはスイミング、火曜日には英語、木曜日はプログラミング、金曜日がダンス、土曜日に習字、そして、日曜日には遊びなどであり、スケジュールを調整する必要があります。

その結果、「計算が7回分か。1回5分として、30分くらいで解けそう。木曜にまとめてやろう」と考えます。でも、このやり方では力はつきません。

「計算テキストの7回分」は、「1日1回分をやりなさい」ということを意味します。「少しずつでよいので毎日計算しなさい」と言っているのです。計算1回分にかかる時間はたかがしれています。1回につき5分からせいぜい10分、歯磨き程度の時間で終わります。まとめて1回で量をこなして勉強した気になるのではなく、**毎日コツコツやる**ことが大切なのです。

とくに、算数は「継続がすべて」です。日を空けてしまうと、中学受験に必要な「数」の感覚が失われてしまうからです。とりわけ、「計算」は毎日解くことが不可欠です。歯磨きと同様、「毎日やらないと気持ち悪い」と思えるレベルまで、計算練習を習慣化していってください。

国語もしかりです。一夜漬けで漢字を覚えようとしても結果につながりません。毎日少しずつ勉強していけば、覚えるのが苦手な子でも結果を出せるようになります。

子どもは身勝手な理屈をこねくり回し、楽なほうに走ります。地道にこなす大切さを教えましょう。

「計算テキスト7回分」の正しい勉強法

○	×
1日1回分ずつ、7日間、毎日取り組む	7回分をまとめて1日で終わらせる

おすすめの習い事

塾通いの子はたいてい習い事も掛け持ちしています。習い事の中で、私個人として最もおすすめなのはスイミングです。

- **理由その❶** 全身運動であるため、総合的に体力がつく
- **理由その❷** 個人競技であるため、野球やサッカーのような団体競技とは異なり、途中で離脱しても周囲に迷惑がかからない

「個人競技」であるという点で、スイミングと中学受験には親和性があります。ぜひ強靭《きょうじん》な体力をつけさせ、孤独な状況で自分と向き合う体験を積ませてください。「体力」と「孤独な体験」はいずれも、中学受験を乗り切るうえで不可欠です。

応用問題には、基本問題が解けるようになってから手をつける

塾ではクラスのレベルに応じて宿題の難易度を変える

塾の宿題はたいてい基本編・標準編・発展編に分かれています。この点は、集団塾・個別指導塾・補習塾・進学塾とも同様です。子どもの能力や習熟度を見て宿題のレベルを使い分けています。

塾では、「下位のクラスには基本編だけ出そう」「発展編は上位クラスなら解けるだろう」という具合にクラスの**レベルに応じて宿題を出します**。レベルに応じて課さないと力がつかないからです。

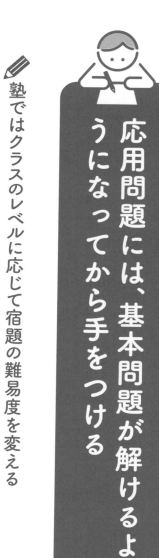

「基本」「標準」「発展」の各段階を確実にクリアする

ここでは、理科を例に勉強の順番についてお話しします。

形態によらず、どのような塾であっても、理科の4単元（物理・化学・生物・地学）は小6の6・7月ですべてインプットし終わります。したがって、夏休み期間は理科の総復習にあてることが可能となります。

塾の夏期講習期間のうち、塾のある日には、子どもたちは1日10時間勉強します。9時から12時まで3時間かけて前日の宿題、もしくは小テストの勉強を行ないます。12時30分から夏期講習が始まり、授業が6時間続きます。終了後は塾に残ってその日の「間違い直し」や「解き直し」を1時間ほど行ないます。これで合計10時間です。

塾のない日は、1日8時間勉強してもらいます。問題は、この8時間の使い方です。塾のない約10日間で、物理・化学・生物・地学の塾教材を学習しましょう。学習するのは、物理の基本編・標準編・発展編、化学の基本編・標準編・発展編、生物の基本編・標準編・発展編、地学の基本編・標準編・発展編。つまり、各単元で3冊ずつです。

このとき、勉強の順番を間違ってはなりません。

「物理の基本編ができたから標準編に進もう」「標準編を飛ばして発展編を解こう」と考えるのはダメです。必ず**基本編➡標準編➡発展編の順番**で解いてください。

4単元すべての基本編を仕上げてはじめて標準編に進み、同様に物理・化学・生物・地学の標準編を固め、終わったら物理・化学・生物・地学の発展編を仕上げます。こうして少しずつレベルアップしていく必要があるのです。

このような「**反復**」によって、子どもたちは自分の弱点を徐々に把握していきます。「基本編は全単元できたけれど、標準編では物理と化学でつまずいた」という場合、この段階で標準編の物理と化学をやり直さなければなりません。先に進むのは各レベルを完璧に終えてからなのです。

物理・化学・生物・地学の基本をやり終えたら標準、それも仕上がったら発展というように、勉強は、レベルを一足飛びにせず、同一レベルを**スパイラル式**にこなしていくのが定石です。

理科の正しい学習順

○

基本編：物理➡化学➡生物➡地学

⬇

標準編：物理➡化学➡生物➡地学

⬇

発展編：物理➡化学➡生物➡地学

×

物理：基本編➡標準編➡発展編

⬇

化学：基本編➡標準編➡発展編

⬇

生物：基本編➡標準編➡発展編

⬇

地学：基本編➡標準編➡発展編

塾の自習室を活用しよう

家の中にはテレビやゲーム、iPadなどさまざまな誘惑があるので、子どもはなかなか勉強に身が入りません。わが子の様子が気になる親御さんは子どもについ「勉強しなさい」と言ってしまうため、親子の間には気まずい空気が流れます。

そこで親御さんにおすすめしたいのは「塾の自習室に行きなさい」ということです。ほとんどの塾には自習室があり、ないところでも空き教室を利用させてもらえます。

自習室のようなみんなが勉強している環境に身を置くと、「周りも勉強しているから、ボクも［私も］やらなくちゃ」という気持ちが自然にわいてきて、集中力も高まります。また、家でお父さん・お母さんからキーキー言われなくてすむので、リラックスして勉強できるというメリットもあります。

模試は地道に受け続ける

中学受験の模試は、塾や専門業者などが主催します。小学校中学年から受けられますが、小5から受け始め、小6で受ける頻度を上げていくのが一般的です。

模試を受ける時期・頻度などについては、通っている塾と相談するとよいでしょう。

模試を受ける目的は弱点把握

模試を受けるメリットは、大きく2つあります。

1つは、**入試本番と同様の環境で練習できる**ことです。

模試は実際の入試に近い形態で実施されるので、本番での時間配分の仕方をつかんだり、場の雰囲気に慣れたりすることができるというメリットがあります。

模試を受けるメリット

- 自分の弱点が浮き彫りになる(わかっているつもりで解けていないところが明らかになる)

- 入試本番と同様の環境で練習できる(時間配分がつかめる／場の雰囲気に慣れられる　など)

もう1つは、**自分の弱点が浮き彫りになる**ことです。人間ドックや健康診断で体の悪いところが見つかるのと同じです。模試では、わかったつもりになっているだけでじつはわかっていないところ、いざテストになってみると解けていないところなどがあぶり出されます。

模試には学力が志望校に届いているかどうかという学力到達度を測る目的もありますが、むしろ「ここはできるようになった。ここはわかっていなかった」というように、**弱点を明らかにする**という目的のほうが大切です。

模試の得点に一喜一憂する必要はありません。間違えた問題を解き直し、把握できた弱点にもとづいて対策を立てることに意義があるのです。

以上のようなメリットを踏まえ、模試は毎回地道に受け続けてください。

あきらめなかった子が最後に勝つ

スランプに陥ったら思い切って遊ぶ

人間には好不調の波があります。子どもたちも同様で、受験勉強を毎日続けるなかでスランプに陥ります。子どもが髪の毛をかきむしり出したり、チック症状を表し始めたりしたら、精神的に追い詰められているサインです。勉強しても何も頭に入りません。このようなときには、どうすればよいのでしょうか。

本当にスランプに陥ったときには、**勉強をスパッとやめてしまってもよい**と思います。

継続することが大事とお話ししてきましたが、強いストレスをかかえているならば話は別です。長い人生のうちの1日勉強しなかったからといって、成績が落ちたり運が離れていったりすることはありません。

子どもに1・2日、勉強から離れて好きなことをさせてあげてください。どこかに連れて行くのもよいでしょう。数日もたてば、子どもたちは集中力を取り戻します。子どもの自己回復力は侮れません。

本番直前まで子どもは伸びる

小6の秋になると、お母さん方がドヨーンとした表情で来塾し、「うちの子、全然伸びません。志望校は無理です」と弱音をはきます。

実際、勉強漬けの毎日を送ってもすぐに成果に結びつくことはありません。ただ、一生懸命に努力したことは必ず結果として表れます。

1月に入ると、埼玉や千葉で入試が始まります。「埼玉でこんな問題が出たよ。東京や神奈川でも出るんじゃないか」と考えて、勉強の手を緩めずやり続けたらまだ伸びていきます。子どもたちは**入試直前まで伸びる**のです。

だから、絶対にあきらめてはいけません。最後に勝つのはギリギリまで勉強した子です。

こんなとき、どう乗り切る？

- スランプに陥った
  ➡1・2日は勉強から離れて思いっきり遊び、ストレスを発散させる

- 結果がなかなか出ない
  ➡子どもは入試直前まで伸びる。最後まであきらめない

中学受験塾では、学年とは関係なく「単元」ごとに指導する

小学校と中学受験塾では学習の進め方が異なる

小学校では、国の教育課程にもとづいた教科書を使用し、学年ごとに割り当てられた内容を学習します。それに対して、中学受験塾では**単元・分野**に区切って学習していきます。社会を例にとってお話しします。社会は、地理・歴史・公民の3つの単元に分かれ、その中に分野➡テーマという階層があります。地理の場合には、地形・気候・農業・水産業・工業・運輸通信・貿易・地球環境という順番で分野が設定されています。これらは「**系統地理**」と呼ばれます。

中学受験塾での指導

1回目	単元・分野ごとに順番どおり指導
2回目以降	切り口を変えて反復させ、細かい知識を積み上げて定着させていく

「単元別」に反復して学ぶ

社会では、1回目で全分野の勉強が終わると、2回目からは「**地誌**」という、「系統地理」とは異なる切り口で農業・水産業などを繰り返して学んでいきます。これが、塾でのスタンダードな指導です。

反復して学ばせるのは、1回だけ学んでもすぐに忘れてしまうからです。同じ単元でもアプローチを変えながら、**スパイラル式**に繰り返して知識を積み上げ、そして定着させていきます。

歴史や公民、国語・算数・理科も、同じ方法で指導されます。

「苦手分野」は「継続学習」で攻略する

「苦手分野」は、「短期集中」ではなく、日々の継続で克服

たとえば、算数の計算が苦手な子がいるとします。その場合、私は、「計算テキストを毎朝10分やってね。365日、雨が降っても、かぜをひいても、骨折しても、家族で旅行に出かけても、しんどくても、絶対に毎日やるんだよ」と指導します。コンディションや気持ちの浮き沈みに左右されず努力を継続していけば、「僕［私］は、あれだけしんどくてもやりきれた！」と実感でき、自信も得られるからです。「きょうは体調が悪いから、あした2回分やればいいか」ではいけません。毎日継続しなければダメなのです。毎日歯磨きするように、苦手分野は、毎日当たり前に勉強してはじめて克服できるのです。

中学受験の勉強では、**「短期集中」はかえって非効率**です。たとえば、歴史の暗記が苦手で漢字がきらいな子が、「家康《いえやす》か、秀忠《ひでただ》か、だれだったっけ」「『おだのぶなが』って、どう書くんだっけ」など短期集中で詰め込んでも、いずれ頭の中で知識がこんがらがり、結局は覚えられません。また、たとえ無理やり覚えたとしてもすぐに忘れてしまいます。

苦手克服には、**「継続学習」**を行なうことが重要です。大学受験対策などによくありがちな**「短期集中で何とかしよう」という考えは捨ててください**。

苦手なことから逃げず、あきらめないよう子どもをサポート

子どもが勉強を「苦手だ・きらいだ」と感じている場合、いやなことから逃げようとしますから、自己解決は不可能です。塾による指導だけでなく、家族からの協力も必要です。子どもといっしょにつらい思いを背負い、あきらめずに取り組むよう励ましてあげましょう。

苦手克服には、必勝パターンはありません。その代わり、「反復演習」を重ねていったん克服できたら、そこから先はすさまじく伸びます。コツコツとあきらめずに反復演習を重ねていきましょう。

勉強法は、学年によって異なる

小5では「制限時間」、小6では「制限時間」と「7割得点」を意識

たとえば、15問分の計算問題があるとしましょう。この場合、時間無制限で全問正解することに価値はありません。演習は、試験時間という制約条件のもとで行なわなければ無意味です。また、入試では満点は不要です。7割とれれば合格できます。

小5の演習では、入試本番には試験時間が存在することを踏まえ、「**制限時間**」を設定してください。

また、小6の演習では、「制限時間」に加え、目標正答率として「**7割得点**」も意識させてください。

重視すべき点は学年によって違う

	小1〜小4	小5・小6
目的	学ぶ楽しさ・達成感を味わう	合格点をめざす
正答率	全問自力で解き、全問正解をめざす	7割を確実に正解する
時間	無制限	制限時間よりも5分短縮して解く（スピード重視）

小1〜小4のうちは、時間無制限で解かせてOK

一方、小1〜小4のうちは、時間内に解くことよりも、「できた」という**達成感**を味わうことのほうが大切です。時間無制限で全問正解できるよう意識させ、学ぶ楽しさ・解ける喜びを実感させてあげてください。

小1〜小4は、制限時間をそれほど気にせず、じっくり考える習慣をつけさせる時期です。この時期には、最後まで鉛筆を動かして自力で解き切るという経験を積ませてください。解けなくてもすぐに答えを見てはなりません。ああでもない、こうでもないと試行錯誤し、いままで習ってきた知識を総動員して自分の力で正解にたどり着く快感を覚えさせる必要がある時期だからです。

受験間近なら、解き方を覚える方法もやむなし

「解くスピードを上げるために、先に答えを見て解き方を覚える」という方法はたしかにあります。わからないことを考えていても時間のむだだから、答えから逆算して解き方を身につけようと考えるこのやり方は、高校生などが大学受験の場合によくとる手段です。

しかし、小学生にはそのように勉強してほしくありません。**解き方を覚える勉強法では、学力は伸びません**。少なくとも、小1〜小4にはまったくおすすめしません。この時期に答えを見ることを覚えてしまうと、自力で解く習慣が身につかなくなってしまうからです。

ただし、小5・小6では**スピード重視**の学習が必要ですから、たとえば算数で、1問目から行き詰まり、その先に進めないようであれば、スパっと見切らざるをえません。「5分考えたけれど答えが浮かばない。解き方の見当もつかない」という場合には、解答を見て解き方を覚えるのもやむなしと考えます。

制限時間よりも5分短縮して解く

小6では、志望校別特訓などで入試問題演習に入ります。私は、入試問題を5分短縮して演習させます。制限時間が50分だとしたら45分でいったん手を止めさせ、「**解いた問題を残り5分で見直そう**」と指導するのです。「全部の問題を解き切るよりも、自分が確実に解ける問題をとり切るほうが、合格の可能性が高まる」という信念があるからです。

試験時間が残り5分あるとしましょう。その時間内に、解いた問題を見直してケアレスミスがないかどうか確認すれば、失点を防げる可能性が高まります。

最悪なのは、残り5分で最後の1問に勝負をかけたのに結局解けなかったという事態です。その場合は0点です。**解けないかもしれない1問に5分使うよりも、その5分で守りを固める**ほうが絶対によいのです。

ただし、解き方の指導は、基本的には塾が行ないますから、親御さんは「そういう指導法もあるのか」と把握しておくだけで十分です。ご自身で管理する必要はありません。

家で入試問題を演習させたいと考えるお父さん・お母さんには、必ず時間制限を設けて解かせるようお願いしています。親御さんがストップウォッチを横に置き、「はい、用意ドン！」と声をかけるのです。制限時間5分前にやめさせてもかまいません。そういう「**タイムアタック**」を、子どもは案外おもしろがってくれるものです。

同じ教材を繰り返し学習すれば、偏差値50への到達は確実

教材は、全問正解できるまで反復する

塾のテキスト・プリント・テストは、繰り返し学習すれば確実に実力がつきます。塾教材は、入試に出る項目のみで構成されているからです。反復すれば**偏差値50が確実にとれる**ようつくられています。

ただし、1回解き終えたからといって、別の教材に次々手を出すやり方では実力はつきません。ひと通り読んだり解いたりしただけでは、その教材をやり終えたとは言えないのです。

1つの教材は、徹底的に読み込み、そして使い込んでください。「この教材に載っている問題はすべて解ける」というレベルに到達できてはじめて、受験で使える知識・解き方が習得できたと言えるのです。

やり遂げた1冊は、受験の「お守り」になる

塾生にも、手あかで汚れ綴《と》じがはずれてバラバラになるくらい塾教材を読み込んでくれる子がいます。このように、自分にとっての**「バイブル」となる教材**を決め、信じて使い続けてください。

入試会場では、各自の「バイブル」を**「お守り」**代わりに持ち込んでいる受験生をたくさん見かけます。原形をとどめないほど使い込まれた教材は、その受験生のがんばりを証明しています。

また、「○○先生に、この問題の解き方を何度も教えてもらったな〜」という記憶も、試験の立派な「お守り」です。そのときの楽しい思い出を胸に気持ちを落ち着け、試験本番で遺憾なく実力を発揮してください。

「理解中心教科」と「暗記中心教科」は、学習順をときどき入れ替える

好きな教科だけ勉強するのはNG

子どもは、大人がちょっと目を離したすきに、好きな教科だけを勉強してしまいます。

しかし、勉強は、**いろいろな教科を組み合わせて行なう**のが正しい方法です。得意な教科・好きな教科だけ勉強していると、苦手教科が後回しにされてしまいます。また、塾から出された宿題だけに長時間取り組んでいると途中で飽きて疲れてしまい、集中力が低下して学習効率も落ちてしまいます。

塾で学習する場合には先生が指導するので問題ありません。一方、塾のない日や長期休暇中は、親御さんの声かけが必要です。「大好きな算数をやるのもよいけど、社会の宿題はすぐに終わるから、そっちを先にやっちゃおうか」「社会に区切りをつけて、次は理科に行ってみよう」「理科が終わったら、最後は国語の長文読解をやろう」という具合に助言し、勉強する教科を分散させてください。

教科をうまく組み合わせて、頭をリフレッシュ

おおまかに分類すると、国語・算数は「**理解中心教科**」、理科・社会は「**暗記中心教科**」です。

もちろん、理科・社会においても理解要素はあり、国語・算数でも暗記は必要ですから、そう一概には言えません。しかし、実際の学習では、「理解中心教科」と「暗記中心教科」を入れ替えながら勉強するとよいでしょう。頭がリフレッシュされて、学習効果も上がります。

志望校の「過去問」は、5年分を3回以上解く

過去問演習は、本番と同一仕様で行なう

「第1章」ですでにお話ししたとおり、過去問演習では、市販の過去問集ではなく、それぞれの中学校の**本物の問題・解答用紙と同一仕様のレプリカ**を使ってください。なお、塾によっては実物と同じ仕様の過去問を使って演習させるところもあります。

市販の過去問集は、大人が出題傾向を把握し対策を立てるのには役立ちます。また、子どもが自分の受ける学校の過去問集を欲しがったら買ってあげてもよいと思います。志望校名が載っている本を見て子どものやる気が高まる場合もあります。

しかし、やはり本番同様の仕様で演習するのが理想です。ですから、なるべく志望校の学校見学会や文化祭に行ってレプリカを入手してください。少なくとも、前年度の入試問題は確実に手に入ります。極論を言えば、その学校の学校見学会や文化祭に20年間通い続ければ、20年分の入試問題が手に入ります(笑)。ただし、現実には不可能ですね。塾には過去問ストックがあるはずです。通っている塾で古いものを手に入れるのがよいでしょう。なお、メルカリなどのフリマアプリ上で過去問が出品されている場合もあります。探してみてください。

制限時間はだんだん短く、正答率はどんどん高く

過去問演習に関する質問には、「**5年分を3回以上繰り返してください**」と答えています。

たとえば、1回目に最新年度の入試問題から始

「過去問5年分・3回」における「制限時間」と「目標正答率」

5年分の過去問を、以下のように3回解くことが必要。

1回目	制限時間	5分短縮
	目標正答率	60%
2回目	制限時間	8分短縮
	目標正答率	65%
3回目	制限時間	10分短縮
	目標正答率	70%

めて、過去にさかのぼって5年分をやり切るのです。その後、最新年度分をもう1回やり直すと、子どもは最初に解いた内容をすっかり忘れています。ですから、私は、「繰り返しやって体で覚えよう」と言うのです。

2回目を解かせる際には必ず、**1回目よりも短い時間で解く**よう言います。短縮した解答時間で正答率が上がれば、得点力がついた証拠です。

初回は60点でも、2回目は65点、3回目に70点と、だんだん正答率を上げていきましょう。前述のとおり、入試は7割とれれば合格できます。最終的にそのゾーンに到達できればよいのです。初回から7割をねらう必要はありません。

なお、「10年分を解く必要がある」と考えるプロ指導者もいますが、一般的には5年分で問題ありません。もっとも、たいていの学校で出題傾向が安定している国語・算数の過去問であれば、10年分解くことにも意義があります。一方、統計データが経年劣化してしまう理科・社会の過去問は、5年分解けば十分です。

第3章

親がやるべき子どもへの「声かけ」と具体的な「サポート」

親子関係は、中学受験を通じてどう変化する？

第1志望校合格は「成功体験」となる

わが子の中学受験に際して親御さんにお願いしていることの1つに、「**第1志望校合格**にこだわってほしい」というものがあります。

「この学校に進む」と決めて受験勉強を始めた以上、第1志望校合格という初志を貫くべきです。

偏差値が届かないからといって志望校のレベルを下げてしまう家庭が見受けられます。

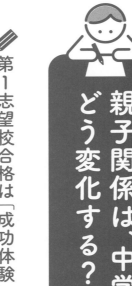

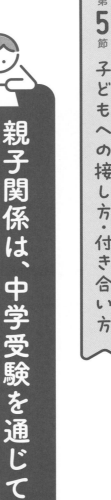

しかし、途中でブレてはなりません。

子どもたちは、遊びたい気持ちやほかのやりたいことをがまんして中学受験の勉強に取り組んでいます。その一生懸命がんばってきた子どもたちに、「努力したことは報われる」「一生懸命がんばったら必ず夢がかなう」ということを体験させてあげてほしいのです。

中学生から学生時代をへて社会に出ると、つらいことがたくさんあります。中学受験の**成功体験**は、そのような困難に立ち向かえる力になると、私は考えています。

中学受験経験者は、社会のリーダーになる可能性が高い

親御さんたちは、「一生懸命がんばったら子どもたちは必ず成功するのか」と心配します。

しかし、当の子どもたちは、「この努力は報われないかもしれない」という恐怖に打ち勝つためにさらに努力を重ね、「絶対にこの努力が報われるんだ」と自分を信じられるまで成長していきます。そこが中学受験のすばらしい点であり、子どもの精神的成長をうながす絶好の機会となります。

実際に、中学受験経験者が**社会のリーダー**になっていく可能性は高いと思います。つらかったけどやり切って成功したという12歳での経験は、子どもたちの精神力を強くします。だからこそ、私は子どもたちには「第1志望校合格にこだわりなさい。一生懸命がんばろう」と、お父さん・お母さんたちには「あきらめたらいけませんよ」と言い続けています。

がんばっている子どもを傷つけてはならない

中学入学が決まり卒塾していく子どもたちに、毎年アンケートをとっています。アンケート項目の1つに、「親に言われてつらかったひと言を教えてください」というものがあります。そのいくつかのエピソードを、書いた子どものコメントとともに、よくない例としてご紹介します。

リビングで勉強しているとき、キッチンで水仕事をしながら、お母さんが「はあ」とため息をついていた、というエピソードを書いた子がいました。流れる水の音をかき消すくらい大きなため息だったようです。わが子に関するため息ではなかったのかもしれませんが、自分のことだと感じた子どもの気持ちを考えると胸が痛みます。

ほかには、「はあ、あんたにいくらお金かけたと思っているのよ。ドブに捨てるようなものだわ。もうやっていられない」というお母さんの独り言。2例とも、「心にグサグサとナイフを刺されるような感覚だった」と、子どもたちは言っていました。

洗い場で家事しているときの独り言とため息は子どもの耳には入らないだろうと考えるお母さんがいます。しかし、最近の小学生には子ども部屋ではなくリビングで勉強する子が多いので、それらの愚痴は、子どもにはすべて筒抜けなのです。

ひどいと思った例を、もう1つ。

ある子どもが、2月1日の試験日に、午前入試と午後入試の2つの試験を受けました。朝早くに起きて、入学試験を2つ受け、2校目の会場から元気なく出てくる様子を見た親御さんは落胆し、「ああ、落ちたわ」とつぶやいたそうです。

結果が出る前に「落ちた」と言ってしまうとは。子どもの気持ちを思うと、悲しくなります。

その子は、結果的には第1志望校に合格していたのですが、「あのときのひと言は一生忘れることはない」と言っていました。

子どもは、試験会場で全力を出し切り、緊張も疲労も限界に達しています。また、試験には同じレベルの子たちが集まりますから、おのずと謙虚にもなります。たとえ手応えを感じていても、「お母さん、できたよ。やった〜」などと元気に言う子はいません。むしろそういう鈍感な子は落ちるものです。

保護者の不用意なつぶやきは、子どもの心を大きく傷つけます。**心ないひと言を漏らさない**よう注意してください。何か言いたいことがあれば、直接わが子に伝えるべきです。

子どもは、お父さん・お母さんに感謝している

一方、「お父さん・お母さんに感謝していることはありますか」という項目には、家族による細かい心配りに関するエピソードが挙がってきます。子どもたちは、「寄り添ってくれた」「夜食をつくってくれた」「寒いからといって足元用のストーブを買ってくれた」など、たとえ勉強を教えなくても、**親に対し深く感謝している**のです。

「お父さん・お母さんへの気持ちをひと言」という項目には、「お母さん、ありがとう。入試終わったから、いっしょに旅行しようね」「お父さん、これまでは勉強ばかりしてきたから、これからはいっしょにたくさん遊ぼうね」などの温かい言葉が。子どもはこういう優しい気持ちをもっているのです。

「パパの大きな背中をいつか越えてみせる」と言って、父親に対する憧れ・尊敬の気持ちを表す子もいます。女子で「ママ、いつまでも明るく元気でいてね」「いっしょに買い物して『姉妹みたい』と言われようね」と書く子もいます。そして、男女問わず挙がるのが「ママ、産んでくれてありがとう」という感謝のメッセージ。男子の場合には、「ママが理想の結婚相手です」と書く子さえいます。

お父さん・お母さんは、毎日接し付き合うなかで子どもに対して複雑な思いを抱くでしょう。しかし、そこは辛抱。子どもが受験勉強をがんばっているとき、とくに受験シーズンを迎えるときには、とにかく子どもを励まし、ほめて、全力でサポートしてください。受験を通じて家族の絆が深まることを願っています。

私が好きな言葉

「信じ、待ち、許す」……これは、1980年代に放送された『スクール☆ウォーズ』という学園ドラマに出てくるセリフです。このドラマは、無名かつ弱小、しかも荒くれ者の部員だらけの高校ラグビー部が全国大会で優勝していく過程を描いた、実話にもとづく作品です。このセリフは、主人公の恩師が主人公を指導する際に幾度となく口にする言葉です。このセリフに感化された主人公からの指導を受けた部員たちは、みずからの素行を改めラグビーへ真摯に向き合うことによって、精神的にも技術的にも目覚ましい成長を遂げていきます。

このセリフはそのまま子どものサポートにも当てはまると、私は考えています。

中学受験は、長くてつらい過程です。子どもは、その途中でいろいろなミスを犯すでしょう。しかし、明らかにサボっていたり他人に迷惑をかけていたりする場合（この場合には、「怒る」のではなく「しかる」ことが必要です）以外は、そこでしびれを切らしてガミガミ言ってはなりません。

勉強は、必ず結果が出ます。たとえいまの成績が振るわなくてもいつか必ず上向くと「信じ」、そのときを「待ち」、そして、これまでの失敗を「許す」ことが必要なのです。

保護者の心がまえの「かきくけこ」

子どもと接する際には「かきくけこ」を意識する

中学受験の勉強は、小2・2月ごろから小6・1月までの約4年間続く長丁場です。その間にはお父さん・お母さんのサポートが必要です。**保護者の心がまえの「かきくけこ」**についてお話しします。

●心がまえの「かきくけこ」❶＝「過去にとらわれるな」

過去に戻ることはできません。「あのときこうしておけばよかった」などと子どもの前で言うのはやめてください。**すんだことはもうあきらめて、できなかったところを変えて**

いけばよいのです。

たとえば、テストで間違えたのだとしたら、なぜできなかったのか、どこでつまずいたのかなど、子ども自身で分析するための「**情報**」「**気づき**」を与えてください。過去の失敗にとらわれてはなりません。

情報は、一気に伝えるのではなく**少しずつ伝える**ことを心がけてください。一度に言ってしまうと、子どもが消化不良を起こすからです。未来の目標には「**スモールステップ**」で近づいていきましょう。

●心がまえの「かきくけこ」❷＝「キレるな」

「キレる」というのは、感情に任せて怒っている状態です。自分自身にいやなことがあって機嫌が悪いからといって子どもにあたってはなりません。気分次第で「勉強しろ」などと声を荒らげて子どもに説教する時間があったら、その時間に勉強をさせてあげてください。

言われるまでもなく、子ども自身も「勉強しなければならない」とわかっているのです。

わかっているのに言われると、子どもは親に反抗し、ますます勉強しなくなります。**「勉強しろ」という言葉は逆効果**です。

一方、「約束を破る」など、他人に迷惑がかかる行為を許してはなりません。その場合には、「怒る」のではなく**「しかる」**のです。感情ベースではなく、どこが悪いのかなど事実ベースで冷静に対応してください。

●心がまえの「かきくけこ」③＝「比べるな」

よく、子どもを他人と比べる親御さんがいます。しかし、兄弟姉妹や親戚、クラスメートや近所のお子さんなどとの比較は絶対にNGです。

他人と比べられてやる気が出る子はいません。モチベーションが下がるだけであり、まったくの逆効果です。もし比べるのならば、以前の本人と比べ、**できるようになった部分を喜びほめてあげましょう**。

●心がまえの「かきくけこ」❹＝「健康管理」

中学受験生は最終学年の小6でもまだ12歳という幼い子ども。健康を自己管理することは不可能です。「朝ご飯を食べる」「規則正しい生活を送る」など、**健康面は親御さんが管理してください**。

●心がまえの「かきくけこ」❺＝「困ったら周囲に相談する」

困ったことがあったら周囲に相談しましょう。中学受験に関する相談相手は一般的には塾ですが、塾に通っていない場合にはママ友などに頼りましょう。自分ひとりで抱え込んではなりません。

ほめ言葉の「さしすせそ」

「さしすせそ」でほめて、子どものやる気を引き出す

子育てにおいて最も重要なのはほめることです。「これができていない」「あれができていない」などできないことを指摘するのではなく、できたこと・よいところを見つけてください。

否定的なことを言われるよりもほめ言葉をかけてもらえるほうが、成績が伸びる可能性は圧倒的に大きくなります。子どもは、ほめられると自信をもち、自分の得意な部分をさらに伸ばそうとするのです。

以下、私がいつも保護者にお話ししている、**ほめ言葉の「さしすせそ」**をご紹介します。

●ほめ言葉の「さしすせそ」①＝「さすが！」

子どもは「うわ〜、さすが、お父さんの子どもだな！」「さすがだね〜、字がきれい。ていねいに書くね〜」などのほめ言葉から、親が自分を認めてくれたうれしさを感じ取ります。

「**さすが**」という言葉には、「期待どおりで感心した」という意味合いがあります。親の期待に応えられていることが実感できる「魔法のキーワード」なのです。

●ほめ言葉の「さしすせそ」②＝「信じられない！」

「**信じられない！**」も、文脈によっては子どもの気持ちを高揚させるほめ言葉です。

朝に学校へ行き、放課後に塾へ行って勉強し、夜帰って来る。へたすると、お父さん・お母さんよりも早く家を出て、遅く帰ってくることさえあります。「朝から晩までよくがんばっているよな〜、信じられない！」と言ってあげましょう。子どものがんばりに心から感動していることが伝わります。

ほめ言葉の「さしすせそ」③＝「すごいな」

いつの間にか成長し難しい問題に取り組めるようになったわが子に対しては、「こんな問題も解けるのか、すごいな」と、うれしい驚きの気持ちをそのまま素直に表現しましょう。

子どもは、「**すごい**」と言われたことを自分の強みだと感じ、自己肯定感を高めます。

ほめ言葉の「さしすせそ」④＝「せっかくがんばったのにな……」

結果が思うように出なかった場合、子どもの心を厳しい言葉でグサグサ刺してしまう親御さんがたくさんいます。でも、目の前に表れている事柄だけとらえて文句を言ってはなりません。

うまくいかなかったら、本人がいちばん傷つき落ち込んでいるはずです。落胆していたり、不安そうだったりしたら、まずは「どうしたの？」と、子どもの話を聴いてあげてください。そのうえで、「**せっかくがんばったのにな**……でも、まだまだ先は長い。いけるよ！」と前向きな言葉をかけてほしいのです。

失敗したときも、子どもの気持ちに寄り添い励ますことが大事です。保護者のポジティブな言葉に子どもは安心し、精神的に救われて、やる気を取り戻します。

●ほめ言葉の「さしすせそ」⑤＝「そのとおり」

人間はつねに他人から認めてほしいと思っています。それは子どもとて同じです。自分の行動・言動・考えへの共感を表す「**そのとおり**」という言葉は、子どもの自己肯定感を育みます。

「転ばぬ先の杖」は、子どもの足腰を弱くする

自分の足で歩ける子どもに育てる

私がよく言う言葉の1つに、「**『転ばぬ先の杖《つえ》』は、子どもの足腰を弱くする**」というものがあります。

お父さん・お母さんはどうしても過保護になりがちです。目の前に障壁があったら、それを事前に取り除いたり、避けて前へ進ませたりしようとします。しかし、そのように保護者が先回りすると、失敗に学び自力で困難を克服する機会が子どもから奪われてしまうのです。

中学受験は、長くてつらい道のりです。そのいばらの道を乗り越えるには、低学年からの長いスパンでほめたり励ましたり、ときには冷静にしかったりしながら状況に応じて対処していくことが必要です。

親がうまく接すれば、強い足腰が鍛えられ、子どもは自分の足で歩けるようになるのです。

「子離れ」でわが子の自立をうながす

中学受験当日、親は試験会場に入れず、試験中の子どもに付き添うことはできません。**「子離れ」**は大事です。

子どもたちは自然に自立し、「親離れ」していきます。問題は、親側にあります。親は、いつまでも子どもへの干渉がやめられず、子離れできません。

子どもの成長過程で、徐々に距離を置く必要があります。子離れはつらいはず。でも、子どもの自立のため、エゴは捨てましょう。子どもとの適切な間合いは、親子どうしの良好な関係づくりを構築することにもつながります。

お母さんは息子から「子離れ」できない？

男の子のことを、お母さんはお父さん以上に、命を賭けて愛します。息子に勉強を教えてあげるため自身も熱心に勉強するお母さんはたくさんいます。

一方、男の子、とくに一人っ子や長男も、お母さんのことが大好きです。ややマザコン気味の男の子もたくさんいます。この子たちは高校生になってもお母さんのことを「ママ」と呼び、母親への依存心を捨てられません。

しかし、お母さんと相思相愛の男の子でも、思春期を迎えると、たいていはお母さんのもとから巣立って行きます。お母さんに甘えるよりも、友達・彼女と過ごすほうが楽しいということに気づくからです。そうして男の子は、無事「母離れ」に成功します。

一方、お母さんは息子からなかなか「子離れ」できません。多感な年ごろとなった息子からうっとうしがられていることを自覚しながらも、息子という生きがいを捨てきれないのです。

また、長男の子育てで燃え尽きてしまうお母さんも多く、第2子以降の子育てに身が入らず、育児放棄やネグレクトに走ってしまう人さえいます。

たしかに、息子に対するお母さんの愛情はかけがえのないものです。お母さんからたっぷり愛情を注がれた男の子は、やさしく強い子に育っていきます。しかし、息子はお母さんの所有物ではありません。息子には息子の人生があり、いずれ親から自立しなければなりません。思春期以降は、息子の成長ぶりをつかず離れず見守ってあげましょう。

解いた問題には「○」「×」をつけさせる

「○」をつける喜びが、子どものやる気を引き出す

問題を解いたあとの「**丸つけ**」は、小学校低学年までは基本的にお父さん・お母さんの役割ですが、難しい場合、子どもたちが自身で行なうこととなります。間違った問題は「解き直し」が必要ですから、丸つけが1回で終わることはありません。その場合、回ごとに**色ペン**を使い分けましょう。

1回目は、**赤ペン**で「○」「×」をつけ、「×」がついた問題を解き直します。

2回目は、**青ペン**で「○」「×」をつけます。

1回目が単純な計算ミスやちょっとした考え方の誤り程度ですんでいれば、たいていは2回目で「○」がつきますが、2回目も「×」だとしたら、解き間違いではなくそもそもわかっていない可能性があります。

わかっていない問題については、塾の先生に質問し、「わからない」状態を解消してからもう1度解き直してください。

3回目以降は、**緑ペン**で「○」「×」をつけます。たいていは3回目に「○」がつきます。

低学年の子どもは、「○」が欲しくて勉強します。子どもは、「○」をペンで書いたときのシュッという音に喜びを感じます。「○」がつく喜びを味わわせ、勉強へのやる気を高めることは、保護者にとって大切な務めです。

小学校低学年での「丸つけ」と「解き直し」

1回目	赤ペンで「○」「×」をつける ➡「×」がついた問題を解き直す
2回目	青ペンで「○」「×」をつける ➡「×」がついた問題は、塾の先生に相談して「わからない」状態を解消してから、もう1度解き直す
3回目	緑ペンで「○」「×」をつける ➡ほとんどの場合、この段階ですべての問題に「○」がつく

丸つけするのは、基本には保護者の役割。もし保護者が対応できない場合には、以上の点を守らせ、子ども自身に丸つけさせる。

テレビのクイズ番組・YouTubeの授業動画を見せる

テレビの良質なクイズ番組を見せる

最近のテレビでは、子どもたちにいろいろな問題をわかりやすく教えてくれる**クイズ番組**がたくさん放映されています。実際にこれらは受験勉強の役に立ち、親子のコミュニケーションの一助にもなりえます。

たとえば、『東大王』で現役東大生や卒業生を見て、「自分も東大に行きたい！」と考える子どもは実際にいます。すでにお話ししたとおり、将来の志望校への憧れは、受験勉強の強い原動力です。

ネット動画は、親による管理下で視聴させる

授業動画を見せることも、保護者による学習サポートの一例です。たとえば、YouTubeは、わかりやすく教えてくれる映像コンテンツの宝庫です。たとえば、伊沢拓司《いざわたくし》さんなどが運営するYouTubeチャンネルの「QuizKnock（クイズノック）」には、視覚的な理解が得られる動画がたくさんあります。これらは、ふだんは紙の教材を使って勉強する子どもたちに新鮮な刺激を与え、頭をリフレッシュさせてくれます。

一方、ネット上にはさまざまな誘惑があるので、注意が必要です。親御さんがその場を離れたすきに、子どもたちは、勉強とは無関係なゲーム実況動画などを見始めます。ネットの動画は、**親がしっかり管理したうえで見せてください**。動画をテレビで再生する環境がある家庭でしたら、リビングのテレビに映して見せれば管理しやすいはずです。

実体験を積ませ、興味を喚起する

勉強は、まず興味から入る

一般的に、中学受験の勉強では小4から理科・社会を学び始めます。

理科・社会は勉強しただけ伸びますが、興味がないとどうにもならない教科でもあります。塾ではまず興味をもってもらえるよう教えていますが、「**興味付け**」なら家庭でも簡単に実践できます。

子どもたちは、日常生活の中でさまざまな経験・体験を積むことで興味をもち、学んでいきます。**遊びの中に勉強を取り入れていく**ことは、やがて本格的に始まる受験勉強の助走となるのです。

理科は、実物・本物から学ばせる

まず、理科についてお話しします。多くの塾で小4生が習うテーマには、生物だと春の七草・昆虫・セミの鳴き声、地学だと星座などがあります。

昆虫について教えるときに、「カブトムシを見たことある?」と聞くと、子どもたちは「デパートで見た」「ホームセンターで買ってもらった」などと答えます。子どもたちは、自然の中で生きているカブトムシを見たことがないのです。

また、首都圏ではミンミンゼミが多く、「ミーンミンミン……」と鳴きます。一方、関西圏ではクマゼミが多く、「シャシャシャ……」と鳴くのですが、セミの種類と鳴き声を取り違えてしまう子どもたちがたくさんいます。図鑑などに載っている写真から理解したセミの見た目とその鳴き声の聴覚的イメージが結びついていないのです。

セミは都会の真ん中でも鳴いていますし、カブトムシも、雑木林があれば近所にもいるかもしれません。お父さんは、童心に帰って子どもといっしょに雑木林を探索してみてはいかがでしょうか。

お父さん・お母さんが意識し、子どもにはなるべく**実物・本物**を見せてあげてください。

社会への興味の入口は旅行体験

小4の社会に出てくる各都道府県の名産品や産地などのテーマも、生活の中から学べます。

コロナ禍が過ぎましたから、子どもを**旅行**に連れて行ってあげるとよいと思います。海外や北海道・沖縄のように大都市圏から遠いところでなく、近場にも見ておくべきところはたくさんあります。

たとえば、「山梨県に行こう」と言って、子どもといっしょに旅行の計画を立てましょう。地図帳をながめると、山梨県には果樹園の地図記号がたくさんついています。山梨県は、ブドウやモモの産地です。実際に行って食べたり買って帰ったりします。それだけでも十分な勉強です。

名所旧跡なども、実物を見せましょう。関西に住んでいる保護者であれば、平等院鳳凰《びょうどういんほうおう》堂《どう》に子どもを連れて行って、10円玉の絵柄と見比べてみましょう。実物を見た経験は、子どもの興味喚起に大きな影響を与えます。

首都圏に住んでいる保護者であれば、子どもを鎌倉《かまくら》に連れて行きましょう。「鶴岡八幡《つるがおかはちまん》宮《ぐう》から北側は山がち。東にも西にも山がある。三方は囲まれている。南に少し行くと海がある。攻められにくく守りやすい地形。だから、ここに源頼朝《みなもとのよりとも》が鎌倉幕府をつくったのだ」ということがありありと実感できます。

「大河ドラマ」の『どうする家康《いえやす》』を見た保護者なら、徳川《とくがわ》家康をまつる日光東照宮《にっこうとうしょうぐう》に連れて行くのもよいと思います。豪華絢爛《けんらん》な社殿を見ると子どもはびっくりするはずです。世界文化遺産に登録されているという歴史的・文化的価値の高さも実感できます。

買い物は学びの宝庫

スーパーマーケットやデパートなどへ**買い物**に連れて行くことも、学習体験としておすすめです。

野菜売場に行くと、ネギは千葉、レタスは長野、キャベツは群馬、ハクサイは茨城など、どこで何がとれるのかがわかります。果物についても主要産地がわかります。

肉類には海外産が多いのですが、国産肉の主要産地は北海道と九州です。

中学受験には「酪農《らくのう》」という言葉が出てきます。牛乳やバター・チーズ・ヨーグルトなどの乳製品の原材料を育てる農業です。

乳製品売場では、「小岩井《こいわい》」というブランドがついたバター・チーズ・ヨーグルトをよく見かけます。このブランド名は、岩手県にある小岩井農場に由来します。なぜ「小岩井」かというと、農場の共同創始者である「小野」さん・「岩崎」さん・「井上」さんの3人の姓名の頭文字がとられているからです。

贈答品売場に設置されている配送サービスのコーナーでは、「宅配便」を扱います。多くの人が配送サービスをすべて「宅急便《たっきゅうびん》」だと誤解していますが、「宅急便」はあくまでヤマト運輸が実施する配送サービスを意味する固有名詞です。つまり、ヤマト運輸によるサービスだけが「宅急便」であり、それ以外の運送会社によるサービスは「宅急便」ではないのです。まとめて「宅配便」と言います。

このような**ウンチク**は、社会への興味づけとしてきわめて有用です。みなさんの家庭でも、食卓を囲み、きょう買ってきた食材の産地や地名などについて、家族で積極的に会話しましょう。**子ども自身に説明させる**と、学習効果が倍増します。

ゲームやパズルで楽しみながら学ぶ

親御さんの中には、「テレビゲーム」「コンピュータゲーム」などと聞くと顔をしかめる方がいます。しかし、私自身はゲームの存在意義を否定しません。**教育的に意義のあるゲーム**も存在するからです。たとえば、『桃《もも》太《た》郎《ろう》電《でん》鉄《てつ》』というゲームは、日本各地の名産品を覚えるのに最適です。

それでもゲームに抵抗感がある家庭には、**パズル**をおすすめします。くもん出版などから出ている日本地図パズルは、玩具店で購入可能です。都道府県名だけでなく、「形」を覚えるのにも向く教材です。

昨今の入試問題では、都道府県が、方角どおりでなく横向き・上下逆向きなどの形で出てくることもあります。このような出題は、幼いころに地理の感覚を身につけた子でないと解けません。

一方、目を閉じていても触るだけで、「埼玉県はこれ」「これは鳥取県」とわかるくらい日本地図パズルに慣れてきた子どもは、この種の出題が大得意です。遊びも、受験対策にそのまま直結するのです。

睡眠はしっかりとり、体内時計を整える

就寝時間を守らせる

中学受験生には、規則正しい生活を送らせることが大事です。

塾の帰りが遅くなる高学年では、寝る時間が不規則になり、夜ふかししがちです。健康管理のためには、子どもを**決まった時間に就寝させる**ことが不可欠です。規則正しい生活を習慣として定着させていきましょう。

規則正しい生活は、健康面だけでなく、**体内時計**の観点からも重要です。

小6で健全な生活習慣を確立している子は、目覚まし時計なしでいつも同じ時間に起きることができます。毎日同じ時間に寝ているため、体内時計の働きにより、朝起きる時間も一定になるのです。

体内時計の働きは、入試本番で力を発揮します。時間の進み具合が感覚的にわかり、あらかじめ決めた時間配分に従って戦略的に解き進めることを可能とするのです。

勉強が終わったらすぐに寝かせる

規則正しい生活を送るとともに、睡眠時間をしっかり確保することも大事です。就寝・起床を除く純粋な睡眠時間は、中学受験をめざす小6生の場合、一般的には8時間程度です。

受験生の中には、減らした睡眠時間を勉強にあてる子もいます。しかし、睡眠時間を削ることはおすすめしません。入試当日を、体力や免疫力が落ちた状態で迎えることになりかねないからです。

短くとも、**睡眠は7時間分確保**してください。受験勉強を乗り切るためには、睡眠をしっかりとって体力を維持すべきです。そうして万全の体調で試験本番に臨みましょう。

第4章

中学受験の具体的な「勉強法」

国語の「基礎力」のつけ方

「漢字」――「語彙力」も試される

受験国語には、「漢字」「語句・文法」「読解」の3分野があります。具体的な勉強法の話に入る前に、ここでは各分野における近年の入試傾向についてお話しします。

まず、**「漢字」**について。中学入試の漢字問題は、文部科学省が定めた小学校の配当漢字（教育漢字）から出ます。じつは、昨今の入試問題では、これらの漢字を正しく読み書きする能力に加えて漢字の出題を通じた「**語彙力**」まで試す傾向が強まっているのです。

たとえば、以前、慶應義塾中等部では「トトウを組んで」を正しい漢字に直す設問が出ました。「徒党」という言葉を、小学生はふだん使いません。ではなぜこの漢字が出たのでしょうか。それは、学校側が「あなたは、大人向けの本や大人どうしの会話に出てくる言葉を知っていますか？」と問うているからです。

このように、近年の入試は、単に漢字を知っているか・書けるかだけでなく、どのような文脈で使われる言葉なのかまで理解している力、すなわち語彙力まで試してくるのです。

「語句・文法」――ニュースへの関心が試される

「**語句・文法**」は、日ごろのニュースにアンテナを張りながら勉強する必要があります。

前述の慶應義塾中等部の入試にはかつて、「サステナブル（持続可能性）」や「フェアトレード」など、旬の言葉である「**時事用語**」が出ました。現代社会への興味がダイレクトに問われています。

ニュースへの関心は、「読解」対策としても不可欠です。たとえば、桜蔭中の文章読解問題では過去に、「SNS」「新型コロナウイルス」という言葉やウクライナ情勢など、タ

国語：おもな学校の字数（2023年度）

学校名	ページ数	本文字数	選択肢字数	試験時間
渋谷教育学園渋谷	24	約11400字	約7000字	50分
開成	17	約9300字	――	50分
麻布	15	約9800字	約700字	60分
慶應義塾中等部	8	約5600字	約1800字	45分

イムリーな話題が登場しました。

以上から、語句・文法問題の対策には、社会で起こっている出来事への興味・関心と、ニュースをチェックする学習姿勢が不可欠だと言えます。

「読解」――長文を「読み切る体力」が必要

「**読解**」については、かつては一部の学校に見られた「**長文化**」が、現在では多くの学校に広がっています。

1校あたりの平均字数は、大問数によらず7000～8000字です。中には1万字を超す出題すらあります。

上の表では、長文傾向が著しい学校における本文と選択肢の字数をまとめています。ここからは、本文だけでなく選択肢もしっかり読み込む力が求められているとわかるはずです。また、この長文傾向は他教科の出題にも見られます。

このような長文化に対しては、長い文章でも集中力を切らさず最後まで完走できる、いわば「**読み切る体力**」が必要です。とはいえ、いきなり長文を読むのは大変ですし、そもそも無理です。まずは短めの文章を読む訓練から始めてください。

また、読解問題を解くにあたっては、**文章設定**をつかむことも大切です。

たとえば、物語文としては、戦前・戦中・終戦直後という設定の文章がよく出てきます。

このような文章を読むために必要な時代背景の知識は、以下のとおりです。

- 生活情勢⬇貧困のため、現在であれば当たり前のことが当たり前ではない状況

  例 白米は貴重品／お金がないと小学校に通えなかった

- 登場人物の心情⬇子から親へ、あるいは親から子への複雑な思い

  例 〈子から親への思い〉小学校に通えない劣等感／親への恨み

  例 〈親から子への思い〉小学校に通わせてあげられない申し訳なさ／自分への怒り

このような知識を生かして読解問題に取り組んでいきましょう。

「漢字」「語句・文法」の「基礎力」

「漢字」は、「つくり」に注目すると覚えやすい

● 毎日コツコツと同じリズムで勉強する

「漢字」を1日にまとめて大量に勉強することはおすすめしません。人間が一度に覚えられる量には限りがあるため、ずっと同じ勉強をしていると飽きてしまい集中力が途切れてしまうからです。

漢字は、「**筋トレ**」のように毎日コツコツと同じリズムで勉強し続けることが大事です。

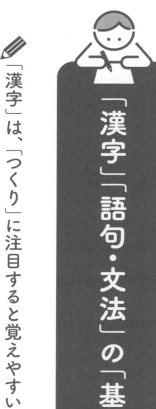

「意味」と「読み」の「パーツ」を意識して勉強する

漢字には、「**意味**」と「**読み**」の「パーツ」からできている文字がたくさんあります。意味を表す部分である部首《ぶしゅ》と、読みを表す部分が合体したものを形声《けいせい》文字と言い、漢字の大半を占めています。

たとえば、「貝」というパーツを含む漢字を見たときに、「貝」が「お金を表す部分」だと理解できていれば、「買う」の「買」や「購入」の「購」になぜ「貝」が使われているのかわかり、頭に入りやすくなります。漢字を勉強する際には、意味と読みを意識しましょう。

また、漢字を単体で覚えるのではなく**例文とあわせて学ぶ**と、より効果的です。どんな場面で使う言葉なのかも意識しながら勉強していきましょう。

「語句・文法」は、どのように勉強する？

● 1日にまとめて大量に勉強することは避ける

「語句・文法」についても、「漢字」と同様、毎日コツコツと同じリズムで勉強しましょう。

● 体系的に整理して、理解しながら勉強する

語句・文法も、漢字と同様、機械的に覚えるのではなく、理解しながら学んでいきましょう。

「ことわざ」なら、五十音順に「あ」から勉強していくよりも、「この2つの意味は似ているから、類義語だ」「この2つの意味は反対だから、対義語だ」「数字が使われているぞ」「生き物に関する言葉が入っているぞ」など、**整理しながら体系的に**勉強していくほうが効果的です。実際の中学入試でも、類義語を選ばせる問題や、ことわざ中の数字部分が空欄として抜かれた状態でそこに入る数字を答えさせる問題などが出ています。このように、

「漢字」「語句・文法」の勉強法

- 1日にまとめて大量に勉強することは避ける
- 分割して、少しずつ毎日続ける
- コツコツと、同じリズムで続ける
- 「時事用語」の学習も忘れずに

入試では、体系的に勉強してきたかどうかが試されるのです。

「**四字熟語**」の勉強では言葉の成り立ちを、「**品詞**」の勉強では分類・見分け方をおさえましょう。また、「**文学史**」なら歴史順に系統立てて学ぶことが必要です。

●ニュースや子ども向け新聞に接する

前項で述べたとおり、入試では「**時事用語**」が問われる場合があります。

ニュースに触れていると、知らない言葉がたくさん出てきます。その場合にはわからないまま放置せず、**辞書を引いてその言葉の意味を調べたり大人に聞いたりしながら学習する**ことが大事です。

「*畳語《じょうご》」や「**外来語**」など、受験参考書での扱いが手薄な言葉は、差がつきやすいテーマです。また、よく教材で取り上げられている「*和語」も引き続き入試頻出です。これらは、丸暗記するのではなく、新聞記事やニュース映像などの具体的なシチュエーションとともに理解するよう努めましょう。

＊畳語➡同じ単語を重ねて1語とした複合語。「知らず知らず」「トントン」「転々」「かえすがえす」「しんしんと」など。
＊和語➡外国語由来の語彙以外の、日本固有の語彙。「いぶかる」「かこつける」「たしなめる」など。

なお、新聞としては、「朝日小学生新聞」「読売KODOMO新聞」「毎日小学生新聞」など、**子ども向けのもので十分**です。大人向けの新聞は小学生にはあまりに難しすぎるので、無理に読ませる必要はありません。

「読解」の「基礎力」

「文学的文章」は、「場面」をおさえながら読む

「**文学的文章**」は、「物語」「小説」「随筆」などです。

文学的文章の入試問題には、たいてい「**変化**」の場面を含む箇所が採用されます。学校側に、「どのような『**出来事**』が起こって、それによって登場人物の『**心情**』がどう変化したかを読み取ってくださいね」という出題意図があるからです。

心情の変化は、直接には描かれません。その代わり、それらは「**行動・様子**」として表現されます。ここから、出来事と行動・様子とを結ぶ、変化の「**因果関係**」をたどっていきましょう。

そのためには、文章の区切りである「**場面**」ごとに要点をとらえていくことが大切です。とくに、「時間の変化」「場所の変化」「出てくる人物の変化」に注意して読み進めていきましょう。

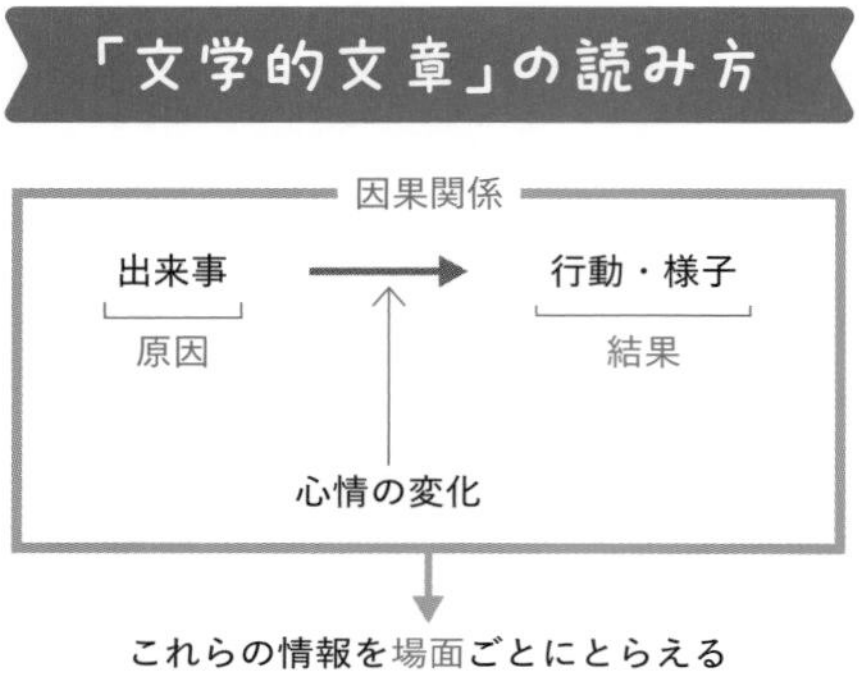

「説明的文章」は、「意味段落」を意識しながら読む

「**説明的文章**」は、「説明文」「論説文」などです。

説明的文章には、「話のパターン」があります。それは、**「一般論」の否定⬇「しかし」などの「逆接表現」⬇筆者の「主張」**という流れです。逆接表現は、筆者が「意見・考え」を表明するサインなのです。

説明的文章では、「**意味段落**」ごとに要点をとらえていくことが大切です。話題が変化・転換している箇所別に意味段落を分けていきましょう。

意味段落ごとに区切れたら、文章全体の「論理関係」

を考えていきましょう。論理関係には、前述した「一般論」と筆者の「主張」との「**対比関係**」以外に、「説明」と「主張」との「**因果関係**」、「具体例」とそのまとめとの「**言い換え関係**」などもあります。これらは、自分の感覚抜きに理詰めで追っていきましょう。

本文に線を引いたりしるしをつけたりしながら読む

「文学的文章」「説明的文章」それぞれの読み方を意識しながら「作業」に落とし込んでください。具体的には、登場人物の「心情」や「思考」、筆者の「主張」やまとめなどの**要点に線を引く**、指示語や接続語などの**文脈を追うのに役立つ言葉に印をつける**、「意味段落」の切れ目にしるしを入れるなどの手作業です。これらを鉛筆やシャープペンで問題文にどんどん書き込み、文章を「**汚しながら**」読んでいきましょう。

ただ漫然と読むのではなく、要点をつかむという意識で手を動かしながらしっかり読んでいくと、文章全体の「論理関係」がつかめ、内容がより鮮明に理解できます。

国語読解問題の出典について

中学入試国語の読解問題は、どのような素材から選ばれているでしょうか。

一般的には、入試実施の前年度に出た本、とりわけ、夏前までに書店で平積みされ目立つところに置かれている本が選ばれやすい、という傾向にあります。また、少年・少女が主人公となっている作品、書名やカバーデザインなどから内容を連想しやすい作品なども選ばれやすいようです。一方、すでに塾のテキストなどに採用されている可能性がある素材は、初見の文章への対応力を見るという観点から避けられます。

近年の長文化傾向を考えると、短編小説は要チェックです。短編の作品は、起承転結がしっかりしており、また文章の一部を抜粋する必要がないため、受験生の読解力を測るのに適しています。短編小説は、読書経験が少ない子にも受け入れやすいはずです。

「読解問題」の具体的な「解き方」

正解の根拠は本文の内容のみ

「読解問題」は、文章の種類によらず「本文が読めているかどうか」を試します。読解問題は、「何となく」という自分の主観を差しはさまず、**本文の内容だけを正解の根拠として解く**のが基本です。

たとえば、サッカーの試合後に登場人物が泣いているという場面があるとします。この場合、同じ「泣く」という「行動」でも、試合に負けたのであれば「悔しい」という「心情」から、反対に試合に勝ったのであれば「うれしい」という「心情」から泣くはずです。

ここで登場人物の「心情」を読み取るためには、試合に勝ったのか負けたのかという「出来事」をおさえなければなりません。同じ「出来事」でも、そこに至る経緯次第では登場人物の「心情」が変わります。注意しましょう。

前項で説明したとおり、「文学的文章」は「**出来事**」⬇「**心情**」「**行動・様子**」から構成されます。問題も、この流れに沿って解きましょう。起こった出来事と行動・様子を表す箇所に線を引き、その2つの情報から登場人物の心情を読み取るのです。その際には、「自分ならこう思う」などと、登場人物の心情を勝手に推し量ってはなりません。あくまで理屈で考えるべきです。

また、「**前書き**」は、場面設定に関するヒントを与えてくれます。しっかり読みましょう。

「**人物像**」を選ばせる出題形式についても、本文から読み取れた登場人物の心情、および行動・様子などを手がかりとして解いていきましょう。

正解の選択肢は輝いている?

「**指示語問題**」では、まず指示内容の予想を立て、次にそれに当てはまる内容を指示語の前後から探してください。多くの場合、指示内容は指示語よりも前に存在します。

「**接続語問題**」では、接続語前後の内容的なつながりを考えてください。その際には、正解の根拠として、前後の1・2文だけなく前後の段落もおさえましょう。

「**選択肢問題**」では、明らかな誤りの選択肢はともかく、紛らわしい選択肢は本文の内容と照らし合わせて解きましょう。**選択肢は本文の言い換え**です。照合作業なしに主観で選ぶのはNGです。

「**空欄補充問題**」は、空欄前後の文脈が追えているかどうかを試す形式です。空欄の前後に存在するヒントにもとづいて解きましょう。

「空欄補充問題」の頻出パターンは2つです。1つは「ヒントと空欄が同一内容」、もう1つは「ヒントと空欄が対照的な内容」です。100%当てはまるわけではありませんが、知識としておさえておきましょう。

「**言い換え問題**」を解くには、まず引かれている傍線部に含まれる言葉の意味を考え、次に傍線部と同一内容を表している箇所を探しましょう。とにかく、傍線部内容の正確な把握が重要です。

「**記号選択問題**」は、せっかく本文の内容が読み取れていながら選択肢のややこしい言い回しに惑わされて失点する受験生が多い出題形式です。問題作成者がダミーの選択肢に紛れ込ませている本文中の言葉を解答根拠だと勘違いし、うっかり誤答を選んでしまうというケースが多発しています。

失点を防ぐには、本文に傍線部が引かれている場合にはその付近を読み、自分なりに解答をイメージしたうえで選択肢を吟味してください。設問を読んですぐに選択肢を見るのはNGです。国語が得意な子は、「**答えの選択肢はパッと光って見える**」と言っていました。「**抜き出し問題**」の解答根拠は、前項で紹介した本文への印つけ作業で要点として線を引いた箇所から探してください。

「**記述問題**」の採点では、〇と×だけではなく、△がつくこともあります。けっして白紙のままで提出せず、貪欲《どんよく》に**部分点**をねらいましょう。

記述問題は、文章を書いた作者との戦いではなく、**出題者である志望校の先生との戦い**です。出題者は、何となく書いた答案は採点してくれません。答案は必ず、本文の根拠にもとづいて書きましょう。

設問指示に注意することも必要です。設問文の細かい言い回しは出題者側からのメッセージです。「この言葉を使って答えよ」などの指示がある場合、記述答案にはその**指定語句**を必ず含めてください。

あまり意識が向かないところかもしれませんが、**解答欄スペースの大きさ**は、出題者が想定している字数の表れです。たとえば、麻布中の解答欄にはマス目がなく、字数も指定されていません。解答欄スペースの大きさという情報自体が、**出題校からのメッセージ**なのです。したがって、解答欄からはみ出さないよう、1行にだいたい何字入るだろうかと考えながら答案を作成する必要があります。

過去問集にはよく、失点されないことを意識しすぎるあまり、解答スペースに対して長すぎる解答が掲載されています。前述のとおり、過去問演習は、学校側が用意しているのと同一仕様の解答用紙を使って行なうべきです。

「新傾向問題」の対策

近年の入試では、従来型の「読解問題」に加え、「**新傾向問題**」の出題も見られます。

大きくは2種類あって、1つは「**自由記述**」、もう1つは「**図表読解**」です。

「自由記述」の対策は、小学校での意見発表

「自由記述」は、特定のテーマについて**受験生自身の考え**を書かせるという出題形式です。

たとえば、慶應義塾湘南藤沢中等部の入試では以前、摂取すると健康被害が出る可能性のある食品を課税対象とすべきだという意見への反論を160字以内でまとめさせる問題が出ました。このタイプの出題では、単に自分の見解を述べるだけでなく、その**根拠となる理由や具体例**などまで書く必要があります。

このような問題が出ている背景には、現在の学習指導要領における「対話能力」重視の傾向があります。実際、いまの小学校の授業には自分の意見を発表させる場が多数設けられています。

「自由記述」は、塾や参考書によるトレーニングによってある程度までは対策可能です。しかし、それだけでなく、**小学校における意見発表の機会**も積極的に活用しましょう。

理科・社会の勉強が「図表読解」の対策を兼ねる

以前、女子学院中の入試では、物語文を読ませたうえで図表中の空欄に適する人物名を答えさせる問題が出ました。この出題では、文章を読み取る力だけでなく、図表を読み取る力も求められます。

とはいえ、このような**「図表読解」はあくまで読解問題の一部**です。解答根拠が必ず本文中にあるという点も、通常の読解問題と変わりません。

図表から必要な情報を得るというトレーニングは、**理科・社会の勉強**で代替可能です。特殊な対策は必要ありません。

「読書」は得点力の向上につながる

「読書」の効能は知識の習得にある

「読書」は、活字を読む速度・理解力の向上だけでなく、漢字の学習と語彙力の養成にも役立ちます。本を読むと、人間のさまざまな心情パターンや物語の展開パターンだけでなく、社会事象に関する教養も学べます。すなわち、文章を理解するために必要な**背景知識**が身につくのです。

もちろん、本をたくさん読んだからといってすぐに受験国語の点数が上がるわけではありません。「読む」のと「解く」のは別物だからです。ただ、豊富な読書量によって「読む」段階がクリアできているのは大きなアドバンテージです。本を読んでいて知らない言葉が出てきたら、必ずその**言葉の意味や用例を辞書で調べましょう**。無視して読み飛ばしてはなりません。未知の言葉に出会えたときこそ成長のチャンスなのです。

該当学年よりも上の学年向けの本を読ませる

せっかく読書させるのであれば、子どもが楽に理解できる本ばかり読ませるのはもったいないと思います。

前述のとおり、入試には、たとえば、戦前・戦中・終戦直後など現在とは時代設定の異なる物語が出されることもあります。男子校では女子が主人公の物語や、女子校では逆の物語、あるいは高校生が主人公の物語も出てきます。いまにも命が尽きそうなお年寄りが主人公となっている物語も見られます。

入試では、自分が生きている時代とは異なる時代の人物、自分とは違う立場に置かれている他人、つまり自分の「了解可能な世界」にいない**他者の視点**に立って考える力が求められます。そういう意味では、精神年齢の高い子が有利です。

このような力をつけて読解力を向上させたり精神世界を広げたりするためには、子どもの頭や心の世界よりも少し外側に位置する本を与えることが有効です。ぜひ「背伸び」させてください。具体的には、自分の学年よりも**1・2学年上の子が読む本**を与えるとよいでしょう。小3であれば、小3向けの本だけでなく、小5向けとしておすすめされている本にチャレンジしましょう。

家族全員の読書タイムをつくる

保護者が子どもに「本を読みなさい」と言っても、その当人がスマートフォンで動画をずっと見ていたりゲームに興じたりしていたら、説得力はまったくありません。やはり、**保護者自身が読書して本を読むことの喜びを自分の背中で子どもに示す**べきです。大人が本を読むと、子どもは必ずまねします。

読書時間は、はじめのうちは短くてもかまいません。その代わり、毎日読みましょう。**家族全員で静かに読書する時間を1日の中で30分ほどつくる**とよいと思います。

「1~2時間は本を読ませなければならない」などと堅苦しく考える必要はありません。すてきな本に出会い、もっと読みたいと思えば、子どもは1時間でも2時間でも読書に熱中します。そのようなきっかけをつくってあげることも保護者の大切な役割です。

算数の「基礎力」のつけ方①
——「計算力」

わが子がめざす志望校の過去問をお父さん・お母さんが見ると、「こんな難しい問題を解いているのか……」という驚きに見舞われると同時に、「あの子に解けるかしら……」という不安にも襲われるのではないかと思われます。

たしかに、受験算数の問題には、難関校・上位校を中心として手ごわい出題が多いことは事実です。塾で教わる解き方のパターンに当てはまらない問題も続出しています。しかし、入試問題というものは、たとえどれほど難しそうに見える問題でも、必ず解けるようにつくられています。一見どこから手をつけたらよいのかわからないように思える問題でも、式を立てたり図や表を描いたりして手を動かしているうちに手がかりがわかってきて、突破口が見えてくるものです。

解くためのポイントに気づくためには「**基礎力**」が必要です。算数の基礎力は、次の3つです。

❶ 計算力
❷ 問題文を読み取る力
❸ 自分の考えを表現する力

この項目では「計算力」を取り上げます。

「計算力」には、「スピード」と「正確性」が必要

「**計算力**」は、算数のルールにもとづいて数字を求めることができる力を指します。受験生は、算数における数・図形の規則をきちんと把握し、模試や過去問を解いた場合の正答率を高めていかなければなりません。

正答率を高めていくためには、計算の「**スピード**」を上げていくことはもちろん、計算の「**正確性**」を意識することも必要です。

保護者の中には、ゆっくり計算すればミスが減り正答率が高まると考える方がいます。しかし、それは誤解です。計算が遅い子は得点力も低い傾向にあります。計算の精度は、精神を集中させて一気に解くことによって高まります。「**速く・正しく**」**解く**ことをめざしましょう。

解くスピードの向上には、**制限時間**を決めて毎日訓練することが必要です。1題解くための解答目標時間は、5分などのように短い単位で設定してください。

また、その目標時間内には必ず**見直し**まで行ないましょう。見直しは、答えのチェックだけでなく、解いてきたプロセスの吟味までできれば申し分ありません。

計算の「正確性」を向上させるためには工夫が必要です。いたずらに式が長くなったり煩雑になったり、あるいは「汚い」答えが出てきたりする場合には途中でミスしている可能性があります。効率的に解くために、計算の精度を高めていかなければなりません。正答率を上げる高精度の計算法は「**工夫計算**」と呼ばれます。

次のページは、「工夫計算」の具体例です。「計算➡面積への置き換え」「部分分数分解」「分配法則」は、いずれも受験算数の定番であり、塾で教えられることが多いテーマです。

受験算数に出てくる計算問題は、多くの場合、不思議な形に見えます。このような問題を出すのは、純粋に受験生の計算力の有無を試したいからです。実際、入試にはいわゆる「正面突破」でゴリゴリ計算すれば答えられる問題も出てきます。しかし、一方には、受験生のひらめき・発想力の有無を見たいという意図もあります。

複雑な計算問題を見たら、「なぜこのような問題が出題されるのだろうか」「ほかによい方法があるのではないか」と考えてください。入試問題に隠された学校側の**出題意図**を推測するというゲーム感覚を取り入れながら計算演習に取り組んでいきましょう。

「計算力」は、小5までに段階的に身につけさせる

「計算力」は、一気呵成《いっきかせい》には身につきません。「アウトプット」に専念しなければならない小6の前、すなわち小1〜小5までの5年間で段階的に養っていく必要があります。以下、その段階を、順に説明していきます。

「工夫計算」の例

計算➡面積への置き換え

問　次の計算をしなさい。

$$2024\times2023-2022\times2021$$

解

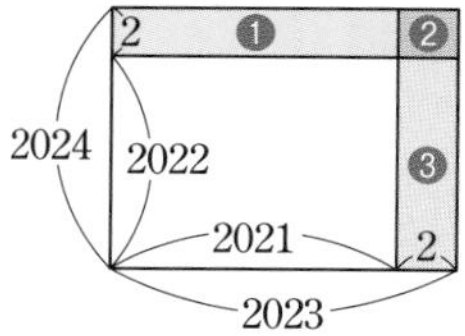

❶➡ $2021\times2=4042$

❷➡ $2\times2=4$

❸➡ $2022\times2=4044$

❶+❷+❸ $=4042+4+4044$

$=8090$ 答

❶+❷+❸が計算結果となる

部分分数分解

$$\frac{1}{■\times(■+1)}=\frac{1}{■}-\frac{1}{■+1}$$

問　次の計算をしなさい。

$$\frac{1}{2\times3}+\frac{1}{3\times4}+\frac{1}{4\times5}+\frac{1}{5\times6}+\frac{1}{6\times7}$$

解 $\frac{1}{2}\boxed{-\frac{1}{3}+\frac{1}{3}-\frac{1}{4}+\frac{1}{4}-\frac{1}{5}+\frac{1}{5}-\frac{1}{6}+\frac{1}{6}}-\frac{1}{7}$

ここは打ち消し合ってなくなる

$=\frac{1}{2}-\frac{1}{7}=\frac{5}{14}$ 答

分配法則

問　次の計算をしなさい。

$$123\times43+123\times57$$

解 $123\times(43+57)$ ⟵ ■×●+■×▲=■×(●+▲)

$=123\times100$ ⟵ (43+57)を計算すると、100になる

$=12300$ 答

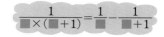

●小1〜小3＝「九九」「筆算」「和差算・消去算」の習得

小3で「和差算・消去算」の考え方をおさえてほしいということは「第1節」で説明しましたので、ここでは割愛します。

小3になるまでには、とにかく「**九九**」を覚える必要があります。ただし、子どもは九九の暗記のような単純作業が苦手ですから、覚えるにはちょっとした工夫が必要です。

たとえば、「1×1」から順番に覚えたあとに「9×9」から確認していくというのはどうでしょうか。つまり、1の段➡2の段➡3の段➡……という本来の順番を入れ替えて、9の段➡8の段➡7の段➡……のように後ろの段から確認していくのです。入浴中などの生活時間を使い、勉強だと気負わず、気楽に覚えていきましょう。

九九と同じく小1〜小3で不可欠なのは、紙に書いて行なう「**筆算**《ひっさん》」の習得です。

子どもが書いた筆算には、斜めになっていたり桁《けた》がずれていたりするものが多数見られます。縦横の位置をそろえて書くよう徹底してください。

●小4＝「四則演算」の習得

「**四則演算**」、つまり、「足し算」「引き算」「掛け算」「割り算」は小4までに習得しましょう。この時期には、長めの計算が解ける必要はありません。しかし、少なくとも計算ルールは把握できていなければなりません。また、小4では、ただ計算ができるだけでなく、前述のとおり「速く・正しく」解くことを意識させてください。

分数の割り算を苦手とする子どもが多いようです。「分数の割り算は、分子と分母をひっくり返して掛ける計算だ」というイメージをもち、苦手意識を克服していきましょう。

●小5＝「毎日の練習」と、「逆算」の習得

小5からは、小6で必要な「アウトプット」の肩慣らしとして、最低でも毎日3〜5問の計算問題を練習してください。計算は、野球における素振り、ピアノにおけるハノンに相当します。子どもを「勉強して当たり前」という状態にもっていきましょう。

小5でマスターすべき重要な計算法は、「**逆算**」です。逆算とは、文字どおり四則演算

を逆にたどる計算です。答えの確認だけでなく、たとえば■＋$\frac{1}{5}$＝$\frac{1}{3}$のような式から■に当てはまる数字（この場合は、■＝$\frac{2}{15}$）を答えさせる問題にも用いられます。応用範囲がとても広い計算法ですから、確実に習得してください。

算数にも「暗記要素」がある

よく「算数は暗記教科ではない」と言われます。しかし、意外なことに、受験算数にも「知識」の要素が含まれます。「受験の常識」として覚えるべき数字や計算結果があるからです。このような知識は、計算問題だけでなく、図形問題と文章題にも役立ちます。具体的には、以下のとおりです。

- 平方数
- 三角数
- 円周率の計算結果
- 分数⬇小数への変換

「**平方数**」とは、同じ数を掛け合わせてできる数のことです。「1（⬆1×1）」「4（⬆2×2）」「9（⬆3×3）」「16（⬆4×4）」「25（⬆5×5）」は、必ず覚えておきましょう。

2桁の平方数、たとえば「144（⬆12×12）」「169（⬆13×13）」「196（⬆14×14）」

「225（⬆15×15）」なども、多くの受験生が覚えています。図形問題と文章題にもよく登場します。出てきた数字を見て、「あっ、これは平方数だな」とピンとくることが大切です。問題が格段に解きやすくなります。

「三角数」とは、整数を1から順に足してできる数のことです。たとえば、「1」「3（⬆1＋2）」「6（⬆1＋2＋3）」「10（⬆1＋2＋3＋4）」「15（⬆1＋2＋3＋4＋5）」などは必ず覚えておきましょう。20番目の三角数までおさえておくと、さらに効果的です。

「三角数」の例

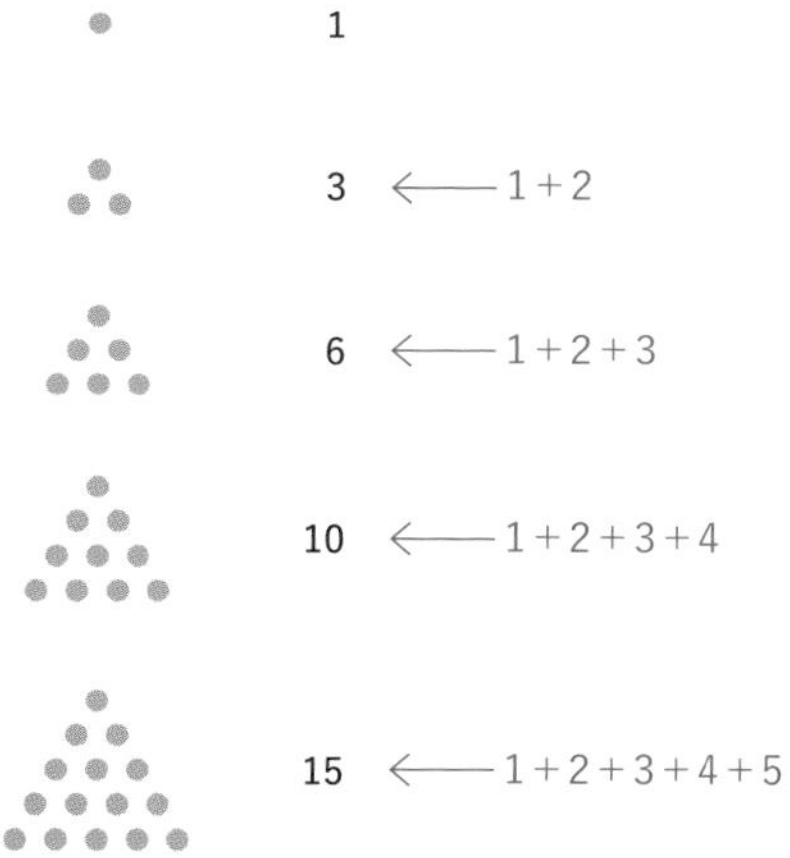

三角数は、「月見だんごを積み重ねていってピラミッドができる」様子をイメージするとわかりやすいはずです。この数字は、受験算数で重要な「規則性」という分野でフル活用されます。三角数に気づかなかったら、そこから先には絶対

に進めません。全部の数を書き出してしまうと、時間切れでアウトです。

「**円周率の計算結果**」も、数字として覚えておくべきです。たとえば、12×3・14＝37・68、25×3・14＝78・5などは図形問題によく出てきます。24×3・14や32×3・14の値なども、直接求めさせる問題は少ないものの、計算過程でよく出てきます。九九と同様、3・14の段として暗記しておきましょう。

「**分数⬇小数への変換**」も重要です。たとえば、$\frac{1}{8}$や$\frac{3}{8}$などは、それぞれ0・125と0・375にパッと直せなければなりません。また、この結果を知っていれば、たとえば$\frac{1}{80}$は0・0125とすぐに計算できます。

算数の「基礎力」のつけ方②——「問題文を読み取る力」「自分の考えを表現する力」ほか

「問題文を読み取る力」は「見直し・振り返り」とワンセット

この項目では、前項で示した「計算力」以外の「基礎力」を2つ説明します。

「**問題文を読み取る力**」は、問題文から状況をイメージし、問題文が尋ねているポイントに気づくことができる力を指します。中学入試の問題は、正しい答えを導けることだけでなく、出題者側が「こう解いてほしい」と想定するプロセスに沿って考えることができるかどうかも試します。そのような筋道を「**誘導**」と言います。問題文を読み取るということは、出題者が問題文に込めた誘導に乗って考えることとイコールです。

問題文は、ただ目を通せばよいわけではありません。問題文が尋ねているポイントに印をつけたり線を引いたりする、問題文の順番に沿って式を立てたり図を描いてみたりするなど、**手を動かしながら読む**必要があります。実際に自分の思考過程を紙に書き出していくと頭の中が整理され、解答のために必要な条件が浮かび上がってきます。

高学年の受験対策では解き方をたくさん覚える必要があるため、このような習慣まではなかなかフォローできません。なるべく早い時期から習慣化させましょう。

問題文読み取りのために手を動かす過程で実践してほしいことがあります。それは、「**単位の確認**」です。

多くの受験生は、答えを求めることにしか意識が向かず、答えの導出過程を軽視しがちです。そのため、問題文が何を要求しているのかを途中で見失い、答えの単位を書き間違えてしまいます。その結果、たとえば、答えの単位が「～円」でなければならないところを「～個」と書いてしまうというミスが頻発します。書き出した式は必ず見返し、途中で単位を入れ違えていないかどうかを確認しましょう。とくに、「解きっ放し・書きっ放し」の傾向が強い子どもには、「**見直し・振り返り**」の習慣を徹底させてください。

受験算数に必要な「公式」は、驚くほど少ない

問題文は、解くためにどのような「武器」が必要なのかを考えながら読まなければなりません。ここで言う「武器」とは、「**公式**」、または「定理」のことです。参考書・問題集や塾の教材に載っている公式はすべて覚えなければなりません。

保護者の中には「どれだけたくさんの公式を覚えなければならないのか」と不安に思う方がいるかもしれませんが、受験算数用に必要な公式はごくわずかです。高校数学に出てくる公式の10分の1もありません。しかも、ごく常識的な内容のみです。

公式は、覚えること以上に、試験本番で使いこなせることが重要です。とくに、難関校の入試問題の場合には、問題文の流れに沿ってその場で公式を導いて解くことが求められます。

偏差値の高い学校をめざす受験生は、単に公式を覚えるだけでなく、その公式をどの条件で使うのか、その公式をほかの問題にどう応用すればよいのかという点まで意識して問題演習に取り組みましょう。

「自分の考えを表現する力」に必要なのは「型」

「**自分の考えを表現する力**」は、自分が考えた順番に沿って文章として、あるいは図・表・グラフとして答案をまとめることができる力を指します。

いまの入試では、答えだけを書かせる出題が減少し、代わりに式まできちんと書かせる出題が増えています。採点者に読んでもらう答案を仕上げるためには、自分の「**型**」を確立する必要があります。「型」には、「どう書くか」という「**書き方**」と、「何を書くか」という「**書くべき内容**」があります。

多くの受験生は、自分の思考経路を表現するのが苦手です。勉強を開始したばかりの受験生は、式があっちに行ったりこっちに行ったりするランダムな答案を書きがちです。つまり、答案をどういう流れで組み立てるかという「書き方」を知らないのです。

また、情報の取捨選択も苦手で、不要な内容を書いたり必要な内容を飛ばしたりします。つまり、答案で何を省いて何を残すのかという「書くべき内容」を知らないのです。

「型」は、自力ではなかなか習得できません。塾の先生が描く板書や塾のテキストに載っている解説をお手本にしながら、書き方と書くべき内容をおさえていきましょう。板書やテキストの内容は、もちろん「まね」してもかまいません。ただし、その際には、自分が納得したうえでまねしてください。

保護者からはよく、「子どもが書いた答案を見て、子どもに『なぜこう書いたの?』『なぜこれを書いたの?』と尋ねると、子どもから『だって、塾でそう教わったんだもん』とキレられた」という話を聞きます。子どもが口をとがらせてそう言うのは、塾の板書やテキストの解説をそのまま覚えてしまっているからです。

「自分の考えを表現する力」は、塾で習った内容をオウム返しするだけでは身につきません。教わったことは、自分の言葉で説明し再現できることをめざしましょう。

「数の感覚」「図形の感覚」は「吟味」を通じて身につく

入試問題を解くには、ここまでに挙げてきた3つの「基礎力」以外にも必要な要素があります。それは、「**数の感覚**」と「**図形の感覚**」です。この2つは、自分が書いた答案を見直すという「**吟味**」の過程で身についていきます。

●「数の感覚」＝数の大きさ・割合に対する意識

「数の感覚」は、自分で答案に書いた数の大きさや割合に対して「この式は何かおかしいぞ」「この答えは気持ち悪いぞ」などと直感できるセンスを指します。

たとえば、家と学校との間の距離として求めた答えが「２４０ｋｍ」になったとしましょう。明らかに変ですよね。また、お父さんの体重として「２００ｋｇ」という値が出てくることもありえません。あるいは、３の倍数どうしを足した数が3の倍数にならない場合にも、「あれっ、これは3で割り切れない数だぞ」と異常に気づかなければなりません。「変な数・変な割合」が出てきたら、途中式の誤りをすかさず察知しましょう。

●「図形の感覚」＝図形の正確さに対する意識

「図形の感覚」は、図形を正確に描くことができるセンスを指します。これは、「作図」する際だけでなく、問題文中からヒントを得る際にも必要な意識です。

小学生の中には、正確な図形が描けない子どもがいます。これまで、ゆがんだ円、二等辺三角形のような正三角形、ひし形のような正方形をたくさん見てきました。たしかに、受験が近づいてからこの感覚が伸びていく場合もありますが、手遅れにならないようできるだけ早い時期にこの感覚を養っておくに越したことはありません。
はじめのうちは、描いた図形がいびつになってしまうでしょう。また、角度も10度くらいはズレてしまうでしょう。しかし、最初から完璧に描ける必要はありません。慣れないうちは、正確に描くことよりもていねいに描くことを心がけましょう。

中学受験に必要な作図の力は、以下のとおりです。

- 長さを、ある程度正しい割合で表現できる
- 円・正三角形・正方形・正六角形が描ける
- 30度・45度・60度が、ある程度正しく描ける
- 15度・75度・120度も意識して描ける
- 適切な位置に補助線が引ける
- 直方体・立方体を組み合わせた複雑な図形の概形が描ける
- 立体図形の断面図（入試頻出）が、ある程度正確に描ける

円・正三角形・正方形・正六角形は、**フリーハンド**で描けなければなりません。定規の使用を認めない学校があるからです。とはいえ、いきなり正確に描くことは難しいはずです。慣れないうちは、1cm四方の方眼が入ったノートを使い、まずは方眼上に打った点を正確につないで描くよう意識してください。

補助線を引くことは、解くためのヒントを問題文中から見つけるために不可欠な作業です。補助線は、二等辺三角形や正三角形を「発掘」したり、合同や相似の関係をあぶり出したりする「魔法の杖《つえ》」です。

補助線の位置を思いつくことには、普遍的なセオリーや必勝法のたぐいは存在しません。しかし、だからといって「ひらめき・発想がすべて」というわけではなく、典型問題をたくさん解くことと、いったん解いた問題の「見直し・解き直し」を行なうことによる鍛錬は十分可能です。演習によってセンス・才能を磨くことは難しいものの、補助線引きに必要な考え方や技術はしっかり身につくのです。

「数の感覚」「図形の感覚」を養う方法は、何も勉強だけに限りません。「ａｌｇｏ®（アルゴ）」などの推理カードゲームは、数に関する「ロジック」を鍛えるのに最適です。また、さまざまな動画サイトにアップされているCG（コンピュータ・グラフィックス）の動画は、「均整美」をとらえるのに最適です。このように、受験算数に必要な感覚は、遊びやゲームを通じて身につけることも可能なのです。なるべく低学年から取り組ませてください。

揺るぎない「基礎力」の土台は「塾教材の3回解き直し」

「基礎力」は、「**反復**」によって定着していきます。塾で配布されるテキストやプリントは3回解き直しましょう。

塾教材に載っている内容は、1回目に解いただけではまず身につきません。2回目にはだんだん理解できるようになりますが、高得点はとれないはずです。しかし、3回目に入ると、2回目までに思いつかなかったこと・考えられなかったことが、まるで視界が開けるように見えてきて、高得点がとれます。脳内で知識どうしが結合するからです。

2回目に解く際には、間違えた問題に印をつけましょう。3回目は、その問題を解くだけで十分です。

3回目の解き直しには、ある程度時間をおいてから取り組んでください。たとえば、クラス分けテストや模試などの大きなテストの前に実施しましょう。3回目には、必ずしもノートに式や答えを書き出す必要はありません。頭に思い浮かべるだけ、空中にペンを走らせるだけでも十分です。

解き直しは、ダラダラやらず、短い時間内で効率的にすませてください。受験勉強で最も大切なのは、時間を意識することです。1題だけを長時間かけて解くことよりも、たくさんの分量を短いサイクルで解くことに重点を置きましょう。

算数の「応用力」のつけ方

入試問題は、問題文から必要な情報を読み取ったうえで正解に至るまでの「ルート」、つまり「方針」を立てて解いていく必要があります。

入試問題の中には、問題文からルートを想像するのが難しくはない代わりに、やるべきことが絞られていて、速く解くことを要求する問題があります。一方、解法の糸口を見つけにくく、はじめからしっかり方針を立てないと途中でルートを見失ってしまう問題もあります。

前者のタイプは「**スピード型**」、後者のタイプは「**思考型**」と呼ばれます。「応用力」を取り上げる前に、この2タイプについて説明します。

「スピード型」ではミス撲滅、「思考型」では部分点積み上げをねらう

「スピード型」の対策に必要なのは、典型問題の大量演習と確固たる計算力です。このタイプでは、1つのミスが致命傷となります。絶対にミスを出さないよう、解いたあとの確認までしっかり実行してください。

一方、「思考型」の対策に必要なのは、「**試行錯誤**」の訓練です。ここで言う「試行錯誤」は、「どう解いていけばよいのかわからないけれども、できそうなところからとりあえず手をつけてみる・自分でやってみる」という行為を指します。

たとえ難関校の入試問題であっても、問題文の最初から難しく書かれていることはまれです。たいていの入試問題では「まずはこう考えてごらん」という「**スモールステップ**」が用意されています。とりあえず図や表を描き、とりあえずわかったことを書き出しているうちに、「これは塾で習ったことだぞ」「教材に載っていたことだぞ」など、以前習ったことがいま解いている問題と結びついていきます。

「どうせできない」と、最初からふたをするのはやめましょう。出題校側は、受験生にゼロから何かを発見することは求めていないのです。「思考型」の対策では、出題者が示す筋道に沿って「どこかに手がかりがないか」と試行錯誤しながら粘り強く考えていってください。それは、「**自分との対話**」でもあります。

「思考型」問題は、一見しただけでは取りつく島がなさそうに思えます。しかし、入試問題はすべて、既存パターンの組合せでしかありません。

まずは、問題文から読み取られた情報を似ているものどうし組み合わせるという「**条件整理**」を実行しましょう。次に、それぞれを、これまでに学習してきた内容に当てはめましょう。そのような対応関係を考えていくうちに、既存パターンのどれを使えば解けるのかに気づき、突破口が見えてきます。

難問としてつくられている「思考型」問題では、完璧な解答をめざす必要はありません。**部分点**を寄せ集めて合格点まで到達することを意識し、解答作成力を磨いていきましょう。

ここからが、この項目の本題です。算数の「**応用力**」は、以下3つに大別されます。

❶ 特殊な計算法を使いこなして解く力
❷ 文章題を解く力
❸ 図形問題を解く力

特殊な計算法は、志望校対策から身につける

ここでは、「**特殊な計算法を使いこなして解く力**」を取り上げます。

難関校では、前々項で説明した「**工夫計算**」、つまり、特殊な計算法を用いて解くというタイプの問題が出ます。ただし、工夫の仕方は無限にあるわけではないので、ほとんどは日々の鍛錬と**志望校対策の中で自然に身についていきます**。

とはいえ、「工夫計算」をそのまま使えば解けるような素直な出題は、難関校ではほぼありません。いずれの問題もどこかにひねりが加えられていて、解法パターンの丸暗記では歯が立たないのです。

そこで必要となるのが、前述の「試行錯誤」です。その場で「なぞ解き」するというイメージで、楽しみながら志望校の過去問に取り組んでいってください。

文章題は、「条件整理」がカギ

「**文章題を解く力**」として求められるのは、前述したとおり、「思考型」問題における「条件整理」の力です。問題文から読み取れた情報を条件ごとに分類し、これまで習得してきた解き方との対応作業を通じて類似点・共通点に気づけば、解答までの時間を大幅に短縮できるだけでなく、解答の精度も上がります。

また、問題文中から読み取れた情報を**図表化**する力も、「文章題を解く力」として重要です。

近年の入試問題では問題文が長文化していて、多くの受験生は、読んでいるうちに前に書かれていた内容を忘れてしまいます。読んでいるうちにわかったこと・気づいたことは、すぐに図や表として記録しましょう。いわば、図や表を「メモ」代わりにフル活用するのです。

図形問題攻略に必要な「視覚化の訓練」

ここでは、「**図形問題を解く力**」を取り上げます。

前述の「文章題」の内容では、自分で図や表を描くことをすすめました。一方、ここで推奨するのは、問題文中に含まれる図や表への書き込みです。前項では、図形に補助線を引くことの重要性を説明しました。補助線が引かれた図や表をじっくりながめているうちに、直角などの角度、隠れている二等辺三角形や正三角形などの図形が見つかります。そうして「**発掘**」できた角度と図形は、忘れないうちに図や表へ書き込みましょう。また、与えられた図や表は、バラバラにしたり回転させたり延長させたりして、頭の中で動かしてみることも必要です。そこから新たなヒントが得られるかもしれません。

前述のとおり、図形は自分で描けること、すなわち、自分で**視覚化**できることが重要です。塾の板書に出てくる図形をまねしたり、ふだんのノートづくりにおいて図形をていねいに描いたりして、頭の中で思い描いた図形の視覚化を訓練していってください。

1題を何十分も考え続けるのはNG

次項で説明するとおり、「応用力」は志望校過去問の演習とその「解き直し」で強化されます。その前に、本項の最後に、問題演習における基本的な心がまえをお話しします。

実践的な受験算数対策では、採点者に読んでもらえる答案に仕上げる訓練として、式をていねいに書いて思考の「**軌跡**」を記録することが重要です。しかし、難関校の入試問題はパッと答えが出てくるようにはつくられていませんから、書いていく式は分量が増え、また書く時間も長くかかり、自分の思考経路をたどる作業には膨大な労力を要します。

しかし、だからといって、**1題を長時間考え続けるという勉強はおすすめしません**。1題につき30分や40分もかけてしまうと、途中で思考が途切れてしまうからです。

もし、問題を解いている途中で「あっ、もう頭が働いていないな」と気づいたら、そこでスパッと切り上げてください。もちろん、そのまま放置するのはダメですから、教材の解説を読んで理解したり、解説を読んでもわからなかったことは塾の先生に質問したりして、あとで疑問を解消することを怠ってはなりません。

算数における「過去問対策」

過去問をバラして解くのはNG

「基礎力」「応用力」が身についたら、いよいよ志望校の「**過去問対策**」に入っていきます。

保護者からはよく「志望校の過去問対策はいつから始めればよいでしょうか？」という質問を受けます。その答えは、「ひと通り全範囲を習い終えたら、いつから始めてもよい」です。すなわち、「思い立ったが吉日」なのです。受験勉強がうまくいっている子であれば、小6春から取り組むことも可能です。

過去問対策で大切なのは、答えを導き出すことではなく、頭の中に浮かんだ解き方を書き出して、正しい解き方と照らし合わせることです。たとえ頭の中に浮かんだときには「わかった！　解けた！」と思っても、実際に書き出した解き方が正しい解き方と違っていた、ということはしばしば起こりえます。

このように、「わかる」ことと「できる」ことは別物です。過去問対策では、「わかる」状態を「できる」状態に変えていかなければなりません。

過去問としては、「古い年度のもの」「合格平均点が高い年度のもの」を選んでください。とはいえ、保護者が自力でチョイスすることは難しいはずですから、どれを解けばよいのかは塾の先生に相談してください。なお、解く過去問は「第1志望校のもの」のみでかまいません。

反対に、「新しい年度の過去問」は、直前演習用にとっておきましょう。それは、とても大切なテストです。直近の過去問は、ギリギリまで、つまり、子どもの学力が遺憾なく発揮できる段階に達するまで、しばらくキープしておいてください。

過去問を解く際の注意事項があります。それは、「過去問は、必ず**1年度分をワンセットで解く**」ことです。過去問を部分的にピックアップして解くことは絶対にダメです。過去問は、入試本番と同じく制限時間内に解き切らなければならないからです。

過去問対策では、**同じ問題を少なくとも2回は解いてください**。2回目以降に解く場合、すなわち「**解き直し**」を行なう場合には、答えは1回目に解いた際に覚えてしまってかまいません。問題を見てすぐに解き方が思い浮かんでくるようになるまで、何度でも繰り返し解いてください。

以下、過去問対策につき、1回目に解く場合と、2回目以降に解く場合に分けて説明していきます。

過去問「1回目」➡「3割」できればOK

1回目に解く、すなわち初見で解く場合には、得点率を気にする必要はまったくありません。得点率は「**3割**」でかまいません。

中学入試の合格ラインは、約7割です。要するに、受験日までに得点率を4割上げていけばよいのです。初見時には、よい点数をとることよりも、「時間配分」「問題構成」「出題分野」などを把握することのほうがはるかに大切です。

初見時には、2つのことを考えながら解いていってください。

1つ目は、「問題のポイント・テーマ」です。ほとんどの受験生は、問題を見ると、自分が知っている公式や塾で教わってきた方法に無理やり当てはめて解こうとします。過去問演習で必要なのは、そのような解き方の再現ではなく、**出題意図**の把握です。

2つ目は、「一つひとつの**式の意味**」です。

中学受験の世界ではよく「『方程式』を使うのはダメ」などという議論が起きます。しかし、実際にはNGの解き方というものは存在しません。そもそも、答えだけを書けばよい問題であれば答えの導出過程は問われません。

「方程式」も、あるいは「移項《いこう》」も「−（マイナス）」も「√（ルート）」も、理解して使う分にはいっこうにかまいません。塾ではこれらを用語として教えることはないものの、考え方は伝えますから、知っている受験生もいるようです。また、出題校側も、考えた筋道が正しく表現できている答案であれば、採点対象として扱ってくれます。

ただし、これらを道具として使うことは問題ないからといって、何の根拠もなく、突然の思いつきで答案に書くことはNGです。

これらを不用意に使っている受験生の答案を見ると、たいていは式の中で「論理の飛躍」が起きています。小学算数範囲外の内容は、自学自習でき、なおかつ必ず正しく使えるという自信がある場合以外に使うのは危険だと考えてください。

それよりも重要なのは、塾で教わった解答中に出てくる式の一つひとつがどんなことを伝えようとしているのか考えながら答案を作成することです。安易に「飛び道具」に頼ってはなりません。

1回目に解く場合には、「3割」できればよいと言いました。つまり、ほとんど解けないはずです。しかし、先に解答を見てしまうのはダメです。1回目の過去問演習では、**初見の状態でどれだけあがくことができるのかを知る必要がある**からです。

また、答えは必ずノートに記録しておきましょう。2回目の演習で自分が書く式と見比べるためです。ペラ紙に答えを書いて終わったら捨ててしまうくらいならば、演習しないほうがましです。まったくもって無意味です。

過去問「2回目以降」➡「解き直し」で精度を上げる

1回目の演習では大きな負荷がかかりますが、2回目はだいぶ楽に解けるはずです。

1回目では得点率は気にしなくてもよいとお話ししました。しかし、2回目以降は、**合格最低点超え**をめざしましょう。また、解答の制限時間は、実際の試験時間よりも厳しめに設定してください。

前述のとおり、2回目以降の演習で不可欠なのは「解き直し」、および「反復」です。1回目の演習では、過去問集に載っている解説を読んでもよくわからなかったはずです。しかし、2回目以降は完璧に理解できなければなりません。

もし過去問集の解説で理解できない箇所がある場合には、塾の先生に質問してみましょう。塾の先生は、式の意味や解き方をわかりやすく教えてくれるだけでなく、自分が間違えた箇所まで指摘してくれるはずです。

「質問」は、子どもの自発性を育みます。そういう子は、周囲からの応援を受けやすい傾向にあります。合格しやすい受験生とは、自律的に考え行動できる子どもです。

理科の「基礎力」のつけ方①——「コア概念」と「科学的体験」

近年は、「思考型」の出題がトレンド

保護者のみなさんは、理科という教科をどのようにとらえているでしょうか。おそらく、理科に対するイメージは「暗記中心」か「理解中心」のどちらかではないかと思われます。私自身は、理科を次のようにとらえています。「『暗記』の要素よりも『理解』の要素が多く、思考力が試される教科」である、と。たしかに、理科にも暗記すべき事項はたくさんあります。また、入試問題は、知識をフル活用して解かなければなりません。しかし、

その知識は「暗記」ではなく「理解」して覚える必要があるのです。

そのような考えの背景には、昨今の入試事情があります。入試問題のタイプは大きく「知識型」「思考型」「記述型」に分けられるのですが、近年の難関校入試では、「知識型」の出題は漸減しています。一方、激増しているのが「**思考型**」です。

たとえば、難関校として知られる渋谷教育学園渋谷中では、以前「思考型」として、設問指示文の前に3ページにもわたる長いリード文がついた問題が出ていました。しかも、リード文で扱われた題材は、受験用教材ではほとんど取り上げられていない、いわゆる「初見」の内容でした。この手のタイプは、リード文から読み取った情報と、これまで身につけてきた知識を結びつけ思考をめぐらせて解く必要があります。このような出題の増加により、理科における「理解」の要素、思考力の要素がますます重要になっているのです。

「基礎力」の土台は「コア概念」の理解

先ほど、知識は「理解」したうえで覚えるべきだと述べました。では、どうすればそれが可能となるのでしょうか。答えは、「『**コア概念**』の理解を通じた知識の習得」です。

「コア概念」は私の造語なのですが、ひと言で述べると、「科学的事象をとらえるうえで核＝コアとなる考え方」のことです。「コア概念」経由の知識こそが、理科における「基礎力」の土台です。この考え方は、多くの受験生がバラバラにとらえている科学的事象を有機的に結びつけ、知識の丸暗記を不要とします。

たとえば、「物は、温められるとなぜ体積が増えるのか」「温められた気体はなぜ上昇するのか」という別々の科学的事象は「コア概念」のもと説明可能です。

ここで用いられる「コア概念」は、物を構成する「粒子」です。小学校では習わないため「つぶ」と教えるこの用語は、きちんと説明すれば小４でも理解可能です。

また、この説明には、「物が温められて受け取った熱は『パワー』になる」という、小学生にとってわかりやすいイメージを付加します（小学校では「熱エネルギー」については習わないので、この言葉に置き換えます）。では、実際に説明していきましょう。

「物が温められて体積が増える」という科学的事象

物が温められる⬇熱を受け取る⬇「パワー」が出る⬇つぶが動き出す⬇つぶの隙間が広がる⬇体積が増える

「温められた気体は上昇する」という科学的事象

「体積の増加」と「気体の上昇」

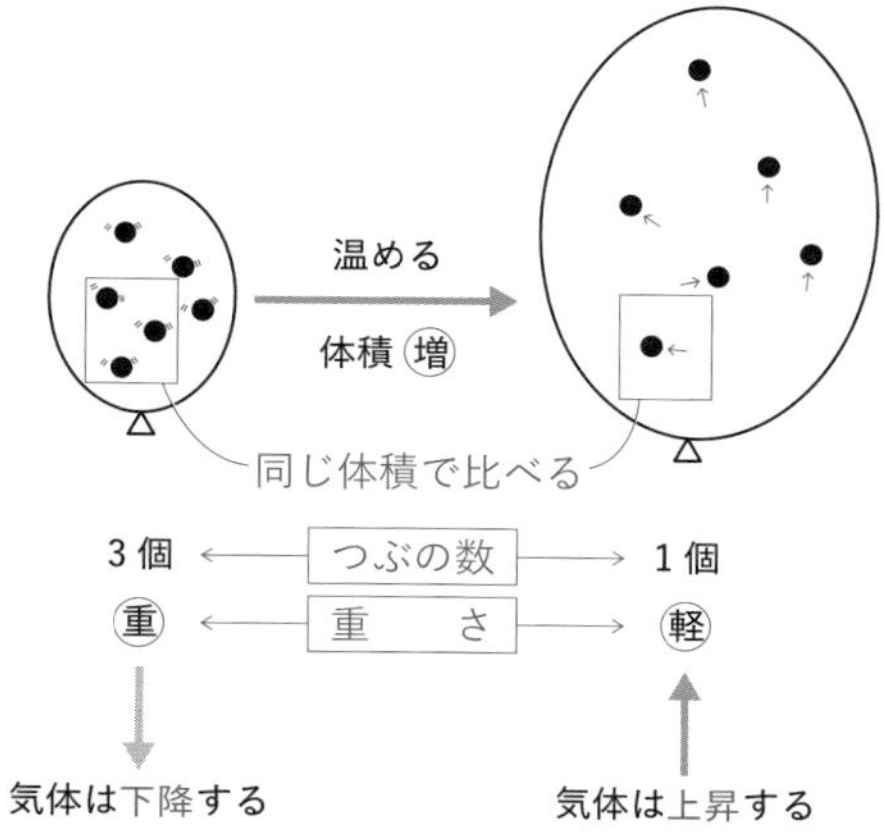

物が温められる⬇つぶの隙間が広がる⬇同じ体積あたりのつぶの数が、温められる前よりも少なくなる⬇同じ体積あたりの重さが軽くなる⬇上昇する

断片的な知識を体系化する「なぜ」「どうして」の問い

ほとんどの小学生は、科学的事象を「そんなの当たり前でしょ」

ととらえがちです。しかし、近年の入試は、断片的な知識では太刀打ちできない「思考型」が主流です。そのような出題に対応するには、「当然だ」「常識だ」と片づけず、ふだんから科学的事象が起こる原因を絶えず「**なぜ**起こるのか」「**どうして**こうなるのか」と考え続ける習慣が必要です。

たとえば、子どもたちにとって、「消化」「呼吸」「燃焼」はすべてバラバラの科学的事象でしかありません。

子どもたちに「『呼吸』って何?」と尋ねると、「酸素を吸って二酸化炭素を出すこと」と答えられます。しかし、続けて「なぜ酸素を吸う必要があるの?」と質問すると、たちまち答えに窮してしまいます。「なぜ」「どうして」を考える習慣がないからです。

ここで、「呼吸」に関する「コア概念」を導入します。

質問の方向を変え、「酸素が使われる現象って、何か知ってる?」と尋ねてみます。すると、たいていは「燃焼」と答えます。それを受け、「じゃあ、ヒトの体の中では何を燃やしているんだろうね?」と質問して、「栄養分」という答えが聞ければしめたものです。

ヒトが生命活動を行なうためには「パワー（＝エネルギー）」が必要です。エネルギーを得るためには、栄養分を吸収しなければなりません。食物を体内に吸収しやすい状態に変えるはたらきが「消化」です。そうして吸収された栄養分は、「呼吸」から得られた酸素によって「燃焼」され、熱エネルギーに変換されます。このときに発生するのが二酸化炭素です。こうして、「消化」「呼吸」「燃焼」がすべてつながります。

なお、この流れを式で表すと、以下のとおりとなります。

栄養分＋酸素⟶エネルギー＋二酸化炭素

「なぜ」「どうして」という問いは、別々に見える科学的事象を結びつけ、知識の体系化をうながすのです。

「論理的思考力」の源泉は「科学的体験」

このように、理科では論理的・抽象的に考える力が求められます。しかし、逆説的な言い方ですが、抽象的な思考のためには具体的な体験が必要です。

理科という教科は、「**科学的体験**」という土台の上に「**論理的思考力**」が位置するという二層構造から成り立っています。論理的思考力は、「なぜ」「どうして」の積み重ねで鍛えられていきます。

科学的体験は強烈な印象を残し、具体的なイメージを定着させます。

たとえば、実際に空をながめて北極星を見たことがあれば、カシオペア座と北斗七星から北極星を探す方法はすぐに理解できます。また、バーベキューで火を起こすためにうちわであおいだことがあれば、物を燃焼させるためには酸素が必要だということがありありとイメージできます。

塾のテキストに載っている内容を生きた知識に昇華させ、実感をともなった理解に導くためには、子どもに科学的体験を積ませる必要があります。そうして、科学的事象と自分とのかかわりを意識し、科学的事象を身近なものとしてとらえることができれば、そこから論理的思考力は自然に伸びていくのです。

理科の「基礎力」のつけ方②——「イメージ」「ノートづくり」「記憶のトリガー」

イメージさせるべきは、「見えていないもの」と「見ることができないもの」

前項では、「科学的体験」にもとづく視覚的なイメージの重要性をお話ししました。では、具体的に、子どもにはどのようなことをイメージさせればよいのでしょうか。

その方向性は2通りあります。1つ目は「**見えているようで見えていないもの**」、2つ目は「**そもそも見ることができないもの**」です。

●「見えているようで見えていないもの」を意識させる

この典型例は、「植物のつくり」「ヒトのからだ」です。

「植物のつくり」について、塾のテキストでは「茎の中には、水の通り道である道管《どうかん》と、養分の通り道である師管《しかん》が通っている。道管と師管がまとまって束になっている部分を維《い》管束《かんそく》と言う。維管束は、根から葉までつながっている」などと説明されています。

植物の茎は、目に触れる部分です。一方、茎の内部は意識に上りません。つまり、子どもたちにとって、そこは「見えているようで見えていないもの」なのです。

「見えていないもの」を意識させるには、子どもに植物の葉を実際に触らせ、維管束の実物を確認させるという方法があります。たとえば、道端に雑草として生えているオオバコの茎を弱めにちぎると、維管束がスルっと取り出せるのです。

こうして、維管束が根の先から葉までつながっている様子を一部分でも確認することができれば、植物のつくりに対する理解が深まり、観察眼が広がっていきます。

「ヒトのからだ」を理解するうえで有効なのは、ニワトリの心臓を見せることです。鶏肉の表面はいやでも目に入ります。一方、内臓部分は見ようと思えば見られるのにふだんは意識には上らない部分、すなわち、「見えているようで見えていないもの」です。

じつは、ニワトリのような鳥類とヒトのようなほ乳類の心臓のしくみはほぼ同じです。

人体について説明するためにヒトの心臓を取り出すわけにはいかないので、代わりに、スーパーマーケットの食料品売場で買ってきた鶏肉を切り、ニワトリの心臓を見せるのです。すると、そのビジュアルが強烈な印象として焼きつくとともに、記憶からの類推によってヒトの心臓への理解が深まり、習ったことがつながっていく快感も味わえます。

●「そもそも見ることができないもの」を意識させる

「植物のつくり」「ヒトのからだ」のような生物に関する事象は、「見えているようで見えていないもの」です。一方、「星の動き」などのような地学に関する事象はそうではありません。

星の動きは刻々と変化しますから、自分が寝ている間には観測できません。また、東京や大阪のような大都会は夜でも明るいので、よほど明るい星でない限り肉眼では見えません。つまり、星の動きは、「そもそも見ることができないもの」です。そのためイメージしづらく、天体や気象などの地学分野を苦手とする受験生はたくさんいます。

実際の天体の代わりに、映像教材を活用してください。パソコンやスマートフォンから閲覧できる天体のシミュレーションソフトウェアやアプリケーションはたくさんあります。

中でもとくにおすすめなのは、国立天文台が無料で配布している「Ｍｉｔａｋａ」というソフトです。このソフトでは、星座・惑星・月などの映像が確認できるだけでなく、時間の経過にともなう天体の移動、つまりタイムラプスを追うこともできます。たとえば、北極星を中心として星が反時計回りに1時間で15度動いている様子などがわかります。

保護者からはよく、「勉強しているうちに、子どもが星に興味をもった。天体望遠鏡を買いたいと考えているので、おすすめの機種を教えてほしい」という質問を受けます。たしかに、星を観測するために天体望遠鏡を使うことは、科学的体験を増やす絶好の機会です。しかし、天体望遠鏡は高額ですし、組み立て作業も複雑です。

その代わりに私が紹介しているのは、「スピカ」という、望遠鏡の工作キットです。この工作キットのよいところは、安価でありながらレンズが高性能である点です。このレンズを使えば、たとえば月のクレーターなどもきれいに観測することができます。

「ノートづくり」と「記憶のトリガー」は知識定着の秘策

ここまで「理解」「思考力」の重要性を強調してきましたが、前述のとおり、理科の学習には「**知識**」の側面もあります。以下、知識を身につける方法を2点お話しします。

●何度でも見返したくなる「ノートづくり」を仕掛ける

知識は覚えたそばから抜けていきますから、何度も書いたり何度も思い出したりする作業を通じて習得しなければなりません。つまり、知識の定着には「反復練習」が必要です。しかし、子どもは繰り返しの作業をきらい、すぐに新しいことをやりたがります。「習ったことを復習しなさい」と言っても、子どもにはさほど響きません。そこで、保護者が強制せずに子ども自身が自発的に取り組んでくれるための「**仕掛け**」が必要です。

その一例が「**ノートづくり**」です。以下に具体例を挙げました。

219ページに示したのは、「星の名前・色・明るさ」を覚えるための、「星座シート」というプリントの画像です。空欄に「夏の大三角」や「冬の大三角」などを記入させます。

しかし、それだけでは終わりません。その先に「仕掛け」があるのです。

星座の名前を書いたあと、子どもたちにシールを貼らせます。これは「蓄光《ちくこう》シール」と言って、暗闇で自然に発光するシールです。しかも、シールの光の色は実際の星の色と対応しており、赤色の星に貼ったシールは赤色に、青色の星に貼ったシールは青色に光ります。さらには、このシールは光度に違いがあり、この中で最も明るい星であるシリウスに貼られたシールは、どのシールよりも白く明るく光るのです。

このシートはそのままノートに組み込ませ、授業ノートとして使用します。子どもたちはおもしろがって、こちらが何も言わなくてもノートを何度も見返してくれるだけでなく、暗いところに移動してシールが光る様子を何度も確認してくれます。

「ノートづくり」により手を動かすこと・物が完成することの喜びを知れば、たとえ保護者が手をかけなくても、子どもは自発的に勉強し、知識を自然に吸収していくのです。

「星座シート」の実物画像

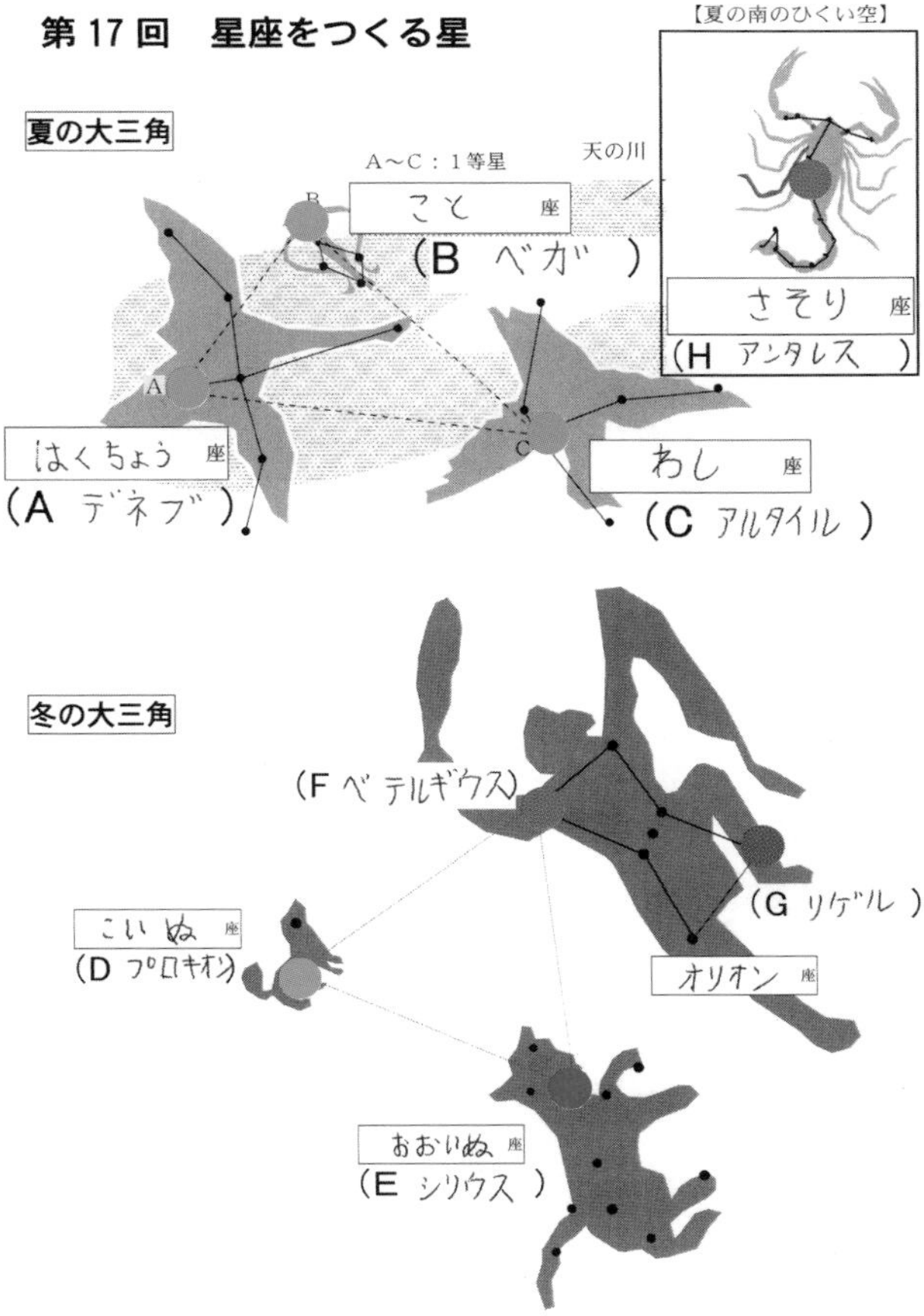

星の名前・星の色・星の明るさが理解できるプリント。生徒自身にシールを貼らせ、授業ノートとして使用。何度も読み返したくなる「ノートづくり」を通じて、子どもたちは自発的に勉強する楽しさに目覚めていく。

●「記憶のトリガー」で思い出すきっかけを与える

先ほどは、子ども自身による知識定着のための能動的な取り組みについて説明しました。

一方、保護者による子どもへの働きかけによっても知識定着はうながされます。その取り組みには2種類あります。1つ目は「**子どもへの声かけ**」、2つ目は「**食材の閲覧**」です。いずれも、教わった内容を子どもが思い出す引き金＝「**記憶のトリガー**」となります。

「子どもへの声かけ」といっても、「何か気が利いたことを言わなければならない」と気負う必要はまったくありません。「授業ではどんなことを習ったの？」「いま教わっていることは、なぜそうなるの？」など、肩の力を抜いて質問するだけで十分です。

子どもは、自分が新たに知ったことをだれかに伝えたくて仕方ありません。お父さん・お母さんから右のように尋ねられれば、得意気に話すはずです。その過程で、子どもは習ったことを記憶から引き出し、頭の中で整理して、自分の言葉で説明しようと試みます。その結果、「論理的思考力」や「表現力」が身についていくのです。

「食材の閲覧」とは、料理する際に季節ごとの旬の食材を子どもに見せ、授業で教わった知識と結びつけるという働きかけです。季節感に富んだ食材をぜひ台所にたくさん用意してください。

たとえば、桜餅。入試問題には、サクラの葉の形を尋ねる設問がよく出ます。桜餅に使われている葉の輪郭はギザギザ。このことを知っていれば、その種の設問は簡単に解けますね。

このように、知識は、子どもが自発的に学ぶこと、あるいは保護者がさりげなく配慮することによって、**実感**をともなって吸収され、記憶として定着していくのです。

理科の「応用力」のつけ方

ここからは、身につけてきた「基礎力」にもとづいて実際に入試問題を解いていく際に必要な「**応用力**」について説明していきます。

受験理科における応用力は、2種類に分かれます。1つ目は、「実験結果を表した図・表・グラフから必要な情報を読み取る力」です。2つ目は「計算力」です。

増加・減少は、「差」に注目してとらえる

まず、「**実験結果を表した図・表・グラフから必要な情報を読み取る力**」を取り上げます。

図・表・グラフ読み取りの際にも、これらが示している情報と身の周りで起きていることを結びつける作業、すなわち「イメージ」の作業が、じつは重要です。

入試問題に出てくる図・表・グラフのパターンは2つです。1つ目は、「イメージしやすい現象を扱う」パターンです。2つ目は、「イメージしにくい現象を扱う」パターンです。

1つ目の「イメージしやすい現象」として挙げられるのは、たとえば「太陽の動き」「気温の変化」「植物の成長」などです。これらは直接観察しやすいため、実験結果をシミュレーションすることが比較的容易です。

一方、2つ目の「イメージしにくい現象」は、なかなかの曲者《くせもの》です。とくに、「光合成のグラフ」の読み取りは、多くの受験生が苦手とするテーマです。

「光合成」とは、体内に取り入れた水と二酸化炭素から日光を使って植物がデンプンと酸素をつくり出すはたらきです。ただし、植物は光合成と同時に「呼吸」も行なっています。呼吸は、酸素を取り入れ、二酸化炭素を出すはたらきです。呼吸では、光合成によってつくられたデンプンが使われます。したがって、植物の体内に残るデンプンの重さ、および量は、光合成と呼吸の駆け引きによって増減するのです。

植物の体内においてデンプンの重さが増えたり減ったりするというこの現象は、目の前で見ることができないためイメージすることは困難です。そこで、この現象を説明するため、授業では、デンプンを「お金」に置き換えて、「お給料」と「借金」のたとえを用います。

デンプンは、光合成により増加します。つまり、デンプンの**増加量**は「**お給料**」です。また、デンプンは、呼吸により減少します。つまり、デンプンの**減少量**は「**借金**」です。以上のようなイメージを思い浮かべることができれば、「光合成のグラフ」からデンプンの変化量、すなわち、増加量と減少量の「**差**」を読み取ることが可能となります。

じつは、この「差」の読み取りこそが、図・表・グラフ問題における最大の「攻略ポイント」です。この点に受験生の意識を向けさせるため、授業では、『差』をとればいいのサー」と言っています(笑)。

計算問題に潜む「攻略ポイント」(てこのつり合い)

ここからは、「**計算力**」を取り上げます。

理科に出てくる計算が苦手になる原因は、おもに2つあります。1つ目は、「**純粋な計**

算力不足」です。これは、典型的な出題パターンの反復練習で克服することが可能です。
2つ目は、「**実験結果のイメージ不足**」です。とくに、「てこのつり合い」に関する次のような計算問題は、多くの受験生が苦手とする出題です。

てこにおもりがつり下げられると、てこは、てこを支えている点、つまり「支点」を中心として、左もしくは右に傾いて回転しようとします。このように、物体を回転させようとする力を「モーメント」と言います（この用語自体は、小学校では習いません）。
おもりがつり下げられ、てこが水平につり合っている状態では以下の式が成り立ちます。

左回りのモーメント＝右回りのモーメント

また、モーメントは以下の式によって求められます。

おもりの重さ×支点からの距離

「てこのつり合い」の出題には「攻略ポイント」があります。以下の2つです。

- **ポイント1**　「支点」をチェックする

てこのつり合い

問　以下のように、棒は水平につり合っています。この場合、■に入る数字（重さ）を求めなさい。ただし、おもり以外の重さは考えないものとします。

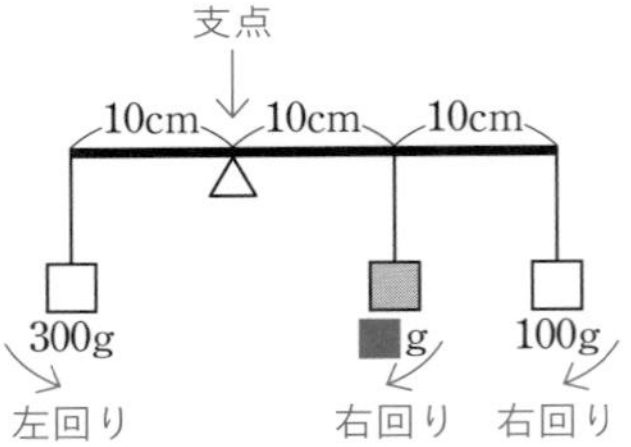

左回りのモーメントと
右回りのモーメントは
等しい

・ポイント2　左右の「モーメント」を考え、式を立てる

「ポイント1」は、簡単です。左回りのモーメントと右回りのモーメントを、それぞれ支点という基準にもとづいて考えていけばよいのです。

一方、「ポイント2」については、■を用いた以下の式が立てられるはずです。

10（cm）×300（g）
＝10（cm）×■（g）＋20（cm）×100（g）

この式を解くと、■は100（g）と求められます。

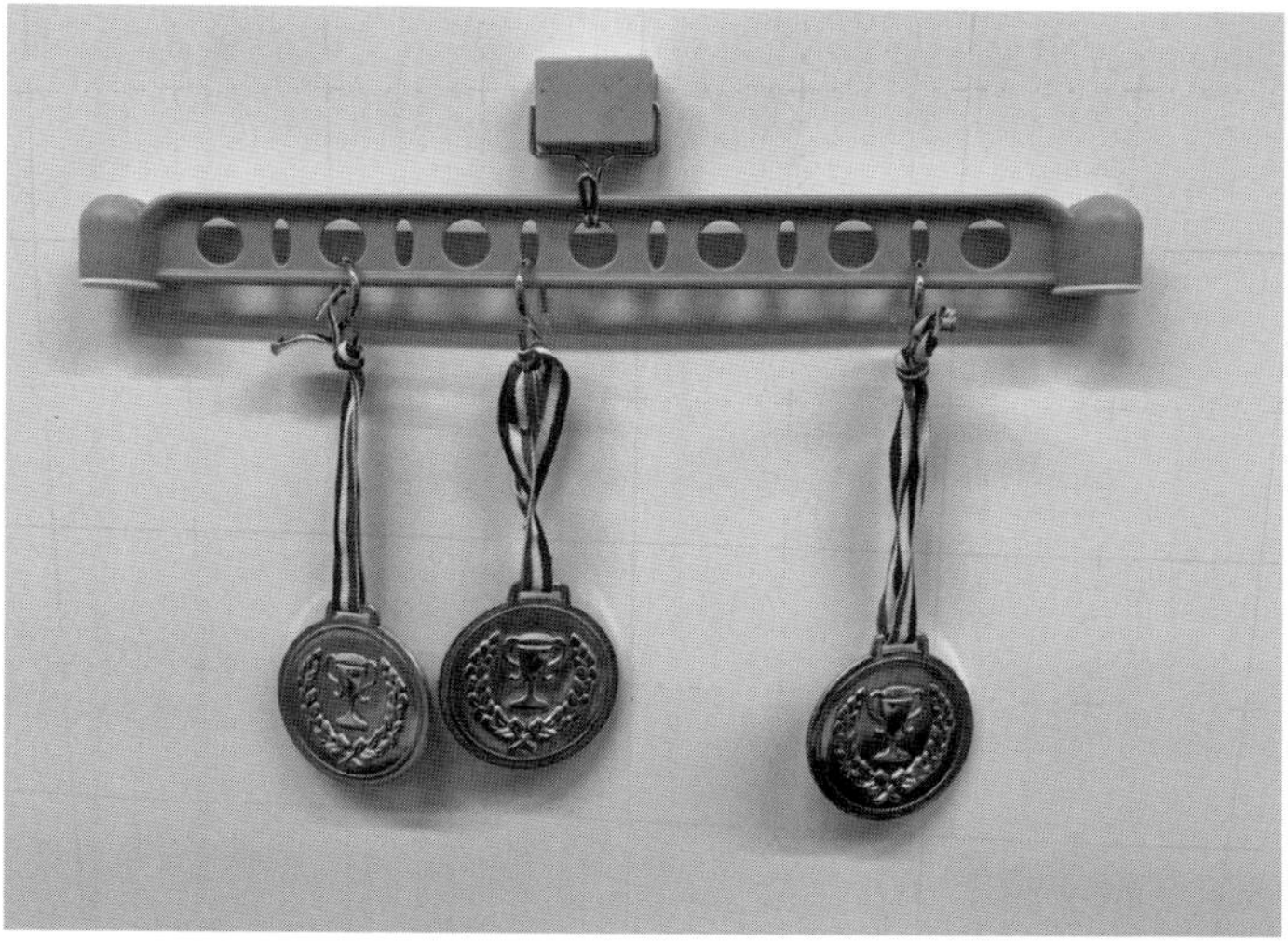

物干しざおは、てこのしくみを理解するために最適なツール。おもりが支点の左側に2個、右側に1個つるされている様子を見れば、つり合いの「イメージ」が一発でわかる。

このように、本格的な計算問題を例にとって説明してきましたが、塾ではいきなり計算方法を教えるわけではありません。学習の初期段階で必要なのは、とにかく科学的事象に対する「イメージ」を描けるようになることです。

てこのしくみを「イメージ」で理解するためには、物干しざおが最適です。100円ショップで手に入ります。ここに物体をぶら下げて左右がつり合っている様子を見せてあげれば、てこのイメージが一発でわかります。

社会の「事前学習」について

できればやっておきたい「事前学習」

中学入試の社会は「地理」「歴史」「公民」の3単元からなります。一般的には、小4で「地理」を、小5・小6で「歴史」「公民」を習います。

保護者には、子どもが本格的な受験勉強に入る前の準備をおすすめしています。このような段階は「**事前学習**」と言います。以下が、「事前学習」の具体的な実践例です。

「地理」の事前学習

47都道府県の場所・名称・県庁所在地を覚える／日本地図を見る／スーパーマーケットなどで食料品の産地を確認する

「歴史」の事前学習

時代名・時代順を覚える／歴史漫画を読む／歴史ドラマを見る

「公民」の事前学習

国会議事堂などの施設を見学する（無理であれば写真だけでも確認する）／選挙ポスターを見る／選挙報道番組を見る

これらは受験勉強に必須というわけではありません。しかし、**これらを経験したうえで受験勉強に入っている子が多い**のは事実です。あらかじめ備えておけば出遅れる可能性は著しく低くなります。ぜひご検討ください。

地理の「基礎力」のつけ方

最初におさえるべきは「47都道府県」の情報

地理の最重要事項は、**47都道府県の場所・名称・県庁所在地**の情報です。この知識は、「地誌」（各都道府県の自然・社会・文化などの地理的現象・特徴）の理解に不可欠です。

木には幹があり、そこには枝や葉がついています。地理学習における木の幹は都道府県に関する基本知識であり、枝と葉に相当するのが「地誌」で学ぶ**都道府県の特徴**です。

たとえば、鳥取県には「人口最小県」「鳥取砂丘《さきゅう》がある」という特徴があります。ところが、鳥取県と島根県は隣接しており漢字も似ているので、それぞれを区別して覚えていないと混同してしまいがちです。

47都道府県の場所・名称・県庁所在地の情報は、それぞれの農業・林業・水産業・工業など細かい特徴を整理する「引き出し」、あるいは「箱」です。おもちゃが部屋に散らかっている状況を想像してみてください。それぞれのおもちゃを片づける箱が、たとえば積み木用の箱、ぬいぐるみ用などと決まっていれば、部屋は楽に整理整頓できますよね。

それと同様に、地理学習における知識にも47都道府県の場所・名称・県庁所在地という「格納場所」が必要です。これらの情報は地理学習の道しるべを果たします。

「7地方区分」は記憶の強力な武器

「都道府県がなかなか覚えられない」という話をよく聞きます。コツは、**7地方区分（北海道／東北／関東／中部／近畿／中国・四国／九州）ごとに分けたうえで、さらに区切って覚える**ことです。

たとえば、中部地方の場合、9県を一気に覚えるのは難しいので、日本海側の県、内陸県、太平洋側の県に分割して覚えるとよいでしょう。関東地方の場合、群馬、茨城、栃木あたりがややこしいので、まずは混乱しそうな3県をしっかりと覚え、そのあとにそれ以外の都県をおさえるのが有効です。

都市と結びつけて覚える

地理では山地・山脈・川・平野などを覚える必要がありますが、それらの情報は**都市とセットで頭に入れる**のが効果的です。

「都道府県」は木の幹のようなものだとお話ししましたが、枝となる部分が「都市」です。そこに、その都市の特徴・歴史的建造物・特産品などの細かい知識を葉っぱとしてつけていくイメージです。

札幌《さっぽろ》市を例にとると、「北海道」という木の幹に「札幌」という枝がつき、葉っぱとして「政令指定都市・時計台・ビール」などの知識がぶら下がります。このように、体系的に学んでいきましょう。

生産物のランキングなども、都市とセットで覚えておきたい知識です。覚える場合には3位までを一気にさらうという方法もありますが、地理が苦手な子には、「**まずは1位だ**

けを覚えよう」と言っています。各都道府県の最も有名な生産物が何かを知ると、その土地のイメージもつかめます。

「細分化」は、地名の記憶に効果的

地理では地名をたくさん覚える必要があります。地名は、「**細分化**」により理由をつけて覚えましょう。「細分化」とは、地名を構成する漢字のエピソードに引っかけて覚える方法です。

たとえば、愛媛県の県庁所在地である松山《まつやま》市を「細分化」で覚えるとすれば、「『松』平氏が支配していた土地」「松山城が建っている場所が勝『山』」などとなります。

日本地図は情報の宝庫

親御さんから「都道府県を覚えさせるために、日本地図を見せるべきですか」「どんな地図を貼るべきですか」という質問をよく受けますが、地図帳をいつもながめているような子どもには不要です。一方、地理を苦手とする子や、地理の理解をより深めたいと考えている子には必要です。

使うべき地図は学年によって異なります。**低学年のうちはごく簡単な地図、学年が上がるにつれくわしく描かれた地図**というように、見せる地図を変えていきましょう。

高学年になったら、山地・山脈・島などの名前・形がわかる地図を見せておく必要があります。入試では、いくつかの島の中から佐渡島《さどがしま》を選ばせる問題なども出るからです。また、都道府県の形に関する知識も、問題を解くうえでよく用います。

地図を見て都道府県の地形が把握できると、理解の奥行きが広がります。

たとえば、北海道の面積は全都道府県中1位である一方、人口は500万人台であり、全国7位です。つまり、面積ほどには人口が多くないのです。一方、札幌市の人口は約190万人で、東京23区を除く都市中で全国4位です。じつは北海道は札幌市に人口が集中していて、それ以外の地域は過疎化《かそか》が進んでいるのです。「過疎」の知識がないとわからないかもしれませんが、地図を事前に見て地形が頭に入っていると地理的な連想が働きやすくなり、「地誌」が体系的に理解できます。

貼る場所としては、勉強机の前など、**子どもの目に入るところ**がおすすめです。扉は、開けっ放しにすると見えなくなるので、貼る場所としてはおすすめしません。

受験勉強を楽にする「イメージ付け」

具体的な事象を扱う地理の学習においては、身近な体験を通じた「イメージ付け」が重要です。そのためには、五感に訴える体験を積ませましょう。おすすめは「イベント・旅行」と「買い物」です。

●「イベント・旅行」を体験させる

「イベント・旅行」については、**子どもの学年が低いうちは「イベント」、学年が上がったら「旅行」に連れて行ってください。**

低学年の子どもは、旅行で景勝地を見たり名産品に触れたりしてもあまりピンときません。まだ社会を習っていないからです。この時期にはむしろ体験イベントのたぐいに参加させてください。たとえば、陶芸体験、あるいは種まき、苗の植えつけなどの園芸体験は、五感をフル活用する絶好の機会です。

社会の勉強が始まったら、習ったことと実体験が結びついてきます。積極的に旅行しましょう。たとえば、関東から金沢市《かなざわし》（石川県）へ旅行する場合、北陸新幹線の車窓から見える景色や通過する地域には地理の情報がたくさんあります。富山県は「越中《えっちゅう》富山の薬売り」が有名で、実際、車窓からは「○○製薬」など社名の看板がいくつも見えます。途中の高岡市《たかおかし》(富山県)は銅器生産が盛んで、高岡銅器と呼ばれる伝統工芸品の生産地です。金沢市では、建物の屋根の特徴、樹木の雰囲気などから、関東の気候との違いを感じ取ることもできます。金沢市も、加賀友禅《かがゆうぜん》や九谷焼《くたにやき》などの伝統工芸品で有名です。

このように、旅行は五感を刺激し、さまざまな知識を身につけさせる貴重な体験なのです。

●「買い物」から学ばせる

スーパーマーケットなどの食料品売場での「**買い物**」も、五感によるイメージを養成するためには絶好の機会です。食料品売場で野菜や魚介類の種類・形・産地などを確認した体験があれば、たとえば「ホタテ」「サンマ」という言葉を聞くと、すぐに「冷たい」「寒い」「おいしい」などの連想が働きます。このようなイメージが浮かぶことは、本格的な受験勉強に入ってから大きな威力を発揮します。

「白地図への書き込み」は「アウトプット」に最適

地理学習ではよく**「白地図への書き込み」**が推奨されます。実際、この作業は覚えたことの「アウトプット」手段としてきわめて有効です。

ただし、書き込み作業は、**「インプット」がある程度終わった段階から始めてください。**これはあくまで基礎知識の定着に適した作業であり、最初から覚えることには不向きだからです。

書き込む際には、**黒ペン・赤ペンの2色**だけを使ってください。ほかの色ペンは不要です。

白地図を何色もの色ペンで描き分けている子どもがよくいます。しかし、これは「労多く効少なし」です。「ノートづくり」の目的はあくまで教わって理解できた内容を記録し覚えていくことにあり、きれいに完成させることにはありません。ノート作成が自己目的化してはならないのです。

「マイ暗記法」が見つかると強い

社会には暗記がつきものです。**自分に合った「暗記法」を小4・小5までに確立させてください。**

受験勉強ではよく書いて覚えることが大事だと言われます。しかし、中には、そのやり方が合わない子もいます。そういう子は、覚えるという意識が途中からなくなり、ただ機械的に手を動かすだけです。

先ほど黒ペン・赤ペンの使用を推奨しましたが、ほかの色ペンとしては**青ペン**をおすすめします。色覚的には、青が最も覚えやすい色だと言われているからです。

暗記法はほかにも、「シートをかぶせる」「ふせんに書いて貼る」など、いろいろあります。実際に試してみて、自分にしっくりくる「マイ暗記法」を見つけてください。

歴史の「基礎力」のつけ方

おさえるべきは「時代名」「時代順」「時代の特徴」の3セット

地理学習における木の幹の部分は「都道府県」だとお話ししました。一方、歴史学習の幹は「**時代名**」と「**時代順**」です。「先土器↓縄文↓弥生↓古墳↓飛鳥↓奈良↓平安↓鎌倉↓室町↓戦国↓安土桃山↓江戸↓明治↓大正↓昭和↓平成↓令和」と、正確な時代名を正確に古い順から並べられなければなりません。この幹がしっかりしていないと、枝や葉っぱに相当する細かな知識は覚えられません。たとえ詰め込んで知識系の入試問題に対応できたとしても、思考力系だと歯が立たないのです。

「時代名」「時代順」に加えて大切なのは「**時代の特徴**」です。たとえば、「縄文時代」であれば、はじめのうちは「古い時代だな」という感覚だけでOKです。ただし、学年が上がったら、「縄文土器」「竪穴住居《たてあなじゅうきょ》」「貝塚《かいづか》」などを連想できるようにしておきましょう。ほかにも、「江戸時代⬇木造建築」「明治時代⬇レンガ建築」など、時代ごとのイメージ・特徴は瞬時に答えられなければなりません。

「**イメージ付け**」は、家庭でも可能です。たとえば、「平安時代といえば何？」というように親子でクイズを出し合うなど、楽しみながら学ばせてみてください。

博物館や資料館などを訪問しよう

博物館や資料館、**史跡・遺跡**などを訪れると、各時代の雰囲気を感じ取ることができ「イメージ付け」に役立ちます。私がよくおすすめするのは、「江戸東京たてもの園」です。歴史的建造物の雰囲気を感じることができます。博物館で縄文土器を見たりレプリカを触ってみたりすることも、五感で時代ごとのイメージをつかむためのとてもよい体験です。その時代の自然の様子や生活への想像力が高まります。

歴史上の人物は、時代背景と結びつけて覚える

歴史の時代と同様、歴史上の人物でも「イメージ付け」が有効です。歴史上の人物の顔や姿を想像し、**時代背景**と結びつけると覚えやすくなります。歴史上の人物に会うことはできません。しかし、写真や歴史ドラマを見たり歴史漫画を読んだりしてその人物への想像力を膨らませれば記憶に残ります。

たとえば、卑弥呼《ひみこ》の顔はだれも見たことがありません。その代わり、卑弥呼のイラストや、卑弥呼が出てくるドラマで役者の雰囲気を見れば、「占い師っぽいな」「格好が昔風だな」などと感じ取れます。織田信長《おだのぶなが》であれば、「ちょっと粗暴な感じだな」「戦国時代の人だな」などとイメージできるはずです。

年号は語呂合わせで覚える

たとえ年号を覚えていなくても、時代のイメージや細かな知識から解ける場合がありますす。しかし、年号の感覚があれば俄然有利です。覚えるに越したことはありません。

「**年号暗記**」の対象学年は小6です。**塾のテキストに出てくるものはすべて覚えましょう**。重要な年号は、**語呂合わせ**で覚えるのがよいでしょう。たとえば、蘇我《そが》氏が倒された大化の改新の開始年（645年）を表す「蘇我蒸《む》し殺《ころ》せ大化の改新」などはインパクト絶大です。一発で覚えられますね。

公民の「基礎力」のつけ方

公民の難解な用語は「国語力」で攻略

公民は「現代の世の中のしくみ」を理解する単元で、小6から学習します。地理や歴史と違って身近なものと結びつかない内容が多いため、小学生が理解するには難しい単元です。

公民には、小学生がふだん接することがない**難解で抽象的な用語**がたくさん出てきます。たとえば、日本国憲法には「基本的人権の尊重」「象徴」「公共の福祉」「違憲立法審査権《いけんりっぽうしんさけん》」「弾劾裁判所《だんがいさいばんしょ》」「三審制《さんしんせい》」のように、耳で聞いただけでは何のことだかさっぱりわからない言葉が目白押しです。

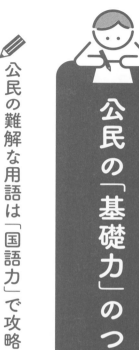

これらの専門用語や法律用語を理解するためには、一見遠回りな方法だと思われるかもしれませんが、**「国語力」**を鍛えることが有効です。

国語で難しい言葉や抽象的な用語が出てきた場合には、それらの**意味や使い方を必ずその場で調べてさせてください**。辞書引きは必須です。また、出てくる用語を**子ども自身に説明させる**のも効果的です。

「暗記中心」「理解中心」の判断は、塾の先生に任せる

公民は、地理・歴史に比べると塾で扱う時間が限られているため、短期間で多くのことを学習しなければなりません。出てくる内容の本質を一つひとつおさえていく学習が理想的ですが、時間的な制約から暗記に頼るケースが出てくることはやむをえません。公民の勉強では、効率重視の姿勢が必要です。

ただし、**どこを「暗記中心」、どこを「理解中心」で進めるかという判断は、塾の先生に頼りましょう**。我流で決めてしまうと、その後の学習に支障が出るおそれがあります。その代わり、塾から覚えるよう指示されたことは、理解の有無にかかわらず、暗記だと割り切って覚えてしまいましょう。

また、**塾は「理論」を教わる場、家は「暗記」する場**というように、それぞれの役割を使い分けることも大切です。公民学習においては、家で理論的にじっくり勉強する余裕はないと心得ましょう。

「憲法の条文も覚えなければなりませんか」とよく聞かれます。その質問には、「条文に関する問題の多くは予備知識がなくても何とかなりますが、事前に暗記しておくべき条文もあります」と答えています。

たとえば、生存権を規定している日本国憲法第25条の「**すべて国民は健康で文化的な最低限度の生活を営む権利を有する**」という条文は、瞬時に言えなければなりません。必ず覚えておきましょう。

国会議事堂などの施設を見学する

では、全般的に難解な公民はどのように勉強すればよいのでしょうか。大きくは、2通りの方法があります。1つは、地理・歴史と同様の「**イメージ付け**」です。もう1つは、「**対比**」を意識した学習です。

「イメージ付け」は、大きく2つに分かれます。そのうちの1つは、公民に関連する**施設見学**です。

たとえば、**国会議事堂**の見学はおすすめです。実際に足を運ぶと衆議院と参議院があることや、参議院にだけ天皇陛下の「御席」があり、それは戦前の「貴族院」の名残だということも学べます。また、中央広間には、議会政治確立に貢献した伊藤博文《いとうひろぶみ》・板垣退助《いたがきたいすけ》・大隈重信《おおくましげのぶ》の銅像があります。このようなことも、子どもたちの印象に残り、政治に興味をもつきっかけになるでしょう。

国会議事堂は都内在住でも見たことがない子が多いのですが、必ず行きましょう。また、見学が難しい場合には写真やホームページを見るだけでもイメージづくりに役立ちます。

選挙に関心をもつ

「イメージ付け」のもう1つの方法は、**選挙に関心をもつ**ことです。選挙時には、候補者のポスターや選挙演説・選挙カー・選挙に関する番組などを通じて、選挙のしくみや政党について理解し、政治に対するイメージを養うことができます。

選挙を扱った番組を見ていると、「与党」「野党」「総理大臣」などの言葉が出てきます。

「対比」の例（大日本帝国憲法と日本国憲法）

大日本帝国憲法		日本国憲法
1889年2月11日発布	成立	1946年11月3日公布 1947年5月3日施行
欽定憲法	性格	民定憲法
伊藤博文	草案	GHQ［連合国軍最高司令官総司令部］
ドイツ［プロシア］	模範	アメリカ合衆国
天皇主権	主権	国民主権
法律の範囲内（法律で制限）	人権	公共の福祉を妨げない範囲内
天皇に統帥権／兵役の義務	戦争	戦争放棄／戦力の不保持／交戦権の否認
国の元首／神聖不可侵	天皇	国と国民統合の象徴

そのとき「どういう意味かな？」と調べたり家庭で話したりすれば、勉強だと意識せずに基礎知識が身につきます。

「対比」で覚える

「イメージ付け」がクリアできたら意識してほしいのが「**対比**」による学習です。複数の事柄を比べて理解するということの方法は、知識が頭に入りやすくなるのでおすすめです。

「対比」の考え方は、**正誤問題**を解くうえで効果を発揮します。正しい情報と誤った情報から正解を選ばせるということの出題形式は、入試頻出です。必ず得意にしておきましょう。

前のページに挙げた「対比」の例を見てください。第二次世界大戦前の大日本帝国憲法は「天皇主権」であり、主権は天皇だけにありました。一方、現行の日本国憲法は「国民主権」であり、主権は国民一人ひとりにあります。

「対比」の考え方は、公民以外にも有効です。たとえば地理なら「気候（熱帯・乾燥帯・温帯・冷帯・寒帯）」、歴史なら「縄文土器と弥生土器」「元禄《げんろく》文化と化政《かせい》文化」などをおさえる際に効果を発揮します。

おわりに

お父さん・お母さんの人生を楽しもう

子どもががんばる理由は、お父さん・お母さんからの承認欲求

つらい受験勉強を子どもがわざわざ始めようとするきっかけは何かを、保護者のみなさんはおわかりでしょうか。意外に思われるかもしれませんが、じつは、子どもにとって受験勉強の原点は、「お父さん・お母さんに認めてもらいたい」という気持ちです。

子どもは、幼いころにお父さん・お母さんがほめてくれたことをずっと覚えています。ほめられる経験・体験を重ねていくと子どもの中に承認欲求が芽生えてきて、子どもはお父さん・お母さんにもっとほめてもらうため、もっと認めてもらうため、もっと励ましてもらうために「がんばろう・努力しよう」と考え始めます。子どもにとっては、お父さん・お母さんからの**承認欲求**こそが、中学受験を乗り超えるための原動力となっているのです。

お父さん・お母さんは、子どもにとって憧れの存在であるべし

口にこそ出しませんが、子どもはお父さん・お母さんに、いつまでもすてきであってほしいと、幼な心に願っています。子どもは、お父さん・お母さんが生き生きと輝いている姿を見ることにより、安心して受験勉強に取り組むことができるのです。

子ども、とくに男の子は、「お父さんの広い背中を、いつか越えてみたい」と思っています。子どもにとって、お父さんはとても大きな存在です。運動会など学校行事で張り切るお父さんの姿、ピンと伸びたスーツに身を包み仕事をバリバリこなすお父さんの姿などに、子どもは尊敬の眼差しを向けます。

子どもがこの世に生をうけて最初に顔を見る相手は母親です。そのお母さんには、つねにキラキラしていてほしいと、子どもは願っています。たとえ直接的に感謝の言葉を述べなくても、わが子はお母さんに対して「産んでくれてありがとう」「僕［私］の味方になってくれてうれしかったよ」と、心の中ではつねに感謝の気持ちを抱いています。太陽のようにヒマワリのようにいつも元気で明るいお母さんの姿、俳優のように自分の感情をコ

ントロールしTPOに合わせて接してくれるお母さんの姿などは、子どもにとっての心の支えです。

プロ指導者は、子どもから頼られることを誇りに思う

私たちプロ指導者は、教えるという仕事に誇りをもっていて、教え子たちから一生「先生」と呼ばれ続けることを願っています。実際、私の場合、教え子たちとの交流が中学受験終了後も続いています。

毎年必ず、中学や高校に進んでから私を訪ねてくれる教え子がいます。彼らからはよく、中学や高校に入ってから直面している悩みについて相談を受けます。その内容は、たとえば、「学校で文系・理系の選択を迫られているが、自分は文系に向いているか、それとも理系に向いているかわからない」「経済学部と経営学部と商学部、どれを選んだらよいのかわからない」などです。

国公立大前期日程の合格発表日である毎年3月10日には、東大や京大などを受験した6年前の教え子たちが合格の報告に私を訪ねて来ます。また、受験なしでエスカレータ式に

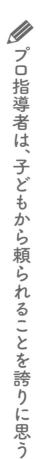

進学できる大学付属校に通っていた教え子たちも、友人を誘って、あるいは彼女を連れて、春先に私のもとに集まってくれます。

20歳になって、「お酒が飲めるようになったので、飲みに連れて行ってください」と言ってくる教え子もいます。内定が出た教え子の中には、就職の報告に来る者もいます。近年は、塾での指導が忘れられず、就職先として塾業界を選ぶ教え子も増えています。

極めつけは、自分の結婚式に招待してくれる教え子です。女性の教え子からはよく「結婚式に出てください」という招待状をもらいます。しかも、小学校・中学校・高校・大学の恩師を差し置いて来賓席のいちばん上座に招かれ、スピーチまで任されることさえあります。恐縮の至りです。

私は、教え子たちにとっては、親でも親戚でも、あるいは学校の恩師でもない、第三者です。しかも、小学生のときに中学受験でほんの数年しかかかわらなかった、縁の薄い他人でしかありません。それでも、塾から離れてからも多くの教え子たちが、「先生、先生」と言って私のもとを訪れてくれます。指導者冥利に尽きるとは、まさにこのことです。

塾は保護者に頼られてナンボ

また、私たちプロ指導者は、教え子たちからだけでなく、保護者から頼られることも意気に感じます。少なくとも、私にとって、お父さん・お母さんは「戦友」です。

中学受験は、（大学受験のように「浪人」することは許されないという意味で）一生に一度しか体験できず、しかも1校につきたった1回の入試のために何年もかけて準備することが必要だという過酷な試練です。

ここまでにお話ししてきたとおり、大切なのは、がんばる受験生自身、受験生のわが子をサポートする保護者、および勉強を教えるプロ指導者が「三《さん》位《み》一体《いったい》」という正三角形の関係を築き、それぞれの役割を果たすことです。保護者はあくまでサポート・見守りの役割に徹し、みずから勉強を教えることは控えるべきです。もし**わが子の中学受験がみなさんの手に余るようでしたら、我々プロ指導者に甘えてしまえばよい**のです。

大手塾の中には、保護者との距離が遠いところもあります。大手塾には、保護者自身が家庭でしっかり子どもの面倒を見ることを、なかば強制する傾向があります。実際、保護者の中には「塾にはお世話になっている」「塾に恩義を感じている」という理由で塾の言いなりになっている方が多く見受けられます。しかし、臆する必要はありません。

我々プロ指導者には、保護者のみなさんからの要望をすべて受け止めるだけの度量があります。「塾を使い倒す」というくらいの意気込みで、塾にはご自身の意見をバンバンぶつけてもらってかまいません。塾からは少しくらい疎まれてもよいではありませんか。名より実をとりましょう。

塾という教育機関を最大限に活用することにより、保護者のみなさんが自分たちの人生を輝かせ、子どもにとって憧れの存在であり続けることを祈念して、筆をおかせていただきます。

吉田　努

吉田　努（よしだ　つとむ）
進学館√＋（ルータス）統括。株式会社アップ執行役員首都圏中学受験事業本部本部長。関西大手学習塾で絶大な人気を誇り、全国最難関校である灘中合格者数急増の立役者となる。『世界一受けたい授業』（日本テレビ）にも出演。2021年より現職。
2023年開校の同塾は、同社による首都圏初進出でありながら、満席ですぐに募集停止となる人気ぶり。各媒体で多数取り上げられ、その動向がつねに注目を集める教育業界の重鎮。本書が待望の初著書。

合格《ごうかく》する家庭《かてい》が必《かなら》ずやっている、
中学受験勉強法《ちゅうがくじゅけんべんきょうほう》　「自走《じそう》サイクル」の作《つく》り方《かた》

2024年３月18日　初版発行

著者／吉田《よしだ》 努《つとむ》

発行者／山下 直久

発行／株式会社KADOKAWA
〒102-8177　東京都千代田区富士見2-13-3
電話　0570-002-301（ナビダイヤル）

印刷所／図書印刷株式会社

製本所／図書印刷株式会社

●お問い合わせ
https://www.kadokawa.co.jp/（「お問い合わせ」へお進みください）
※内容によっては、お答えできない場合があります。
※サポートは日本国内のみとさせていただきます。
※Japanese text only

定価はカバーに表示してあります。

ISBN 978-4-04-683081-4　C0037